Das Tagebuch Europas

1933

Hitler begrüßt den Reichspräsidenten von Hindenburg zum Staatsakt in Potsdam, 21. März 1933

DAS TAGEBUCH EUROPAS

1933

Klaus Scheel

Der Tag von Potsdam

Brandenburgisches Verlagshaus

Bildnachweis
Archiv Scheel (8), Archiv des Verlages (1), Brandenburgisches Landeshaupt-
archiv (3), Bundesarchiv Koblenz (4), Bundesarchiv Potsdam (6), Potsdam-
Museum (11), Stadtarchiv Beeskow (1)

Titelbild: Archiv für Kunst und Geschichte GmbH, Berlin

Reproduktionen: Jean Molitor, Berlin

Die Deutsche Bibliothek – CIP-Einheitsaufnahme
Scheel, Klaus:
1933, der Tag von Potsdam / Klaus Scheel. – Berlin: Brandenburgisches
Verl.-Haus, 1996
(Das Tagebuch Europas)
ISBN 3-89488-094-5
NE: Scheel, Klaus: Neunzehnhundertdreiunddreißig, der Tag von Potsdam

ISBN 3-89488-094-5
© 1996 by Brandenburgisches Verlagshaus Berlin
Umschlaggestaltung: Morian & Bayer-Eynck, Coesfeld
Gestaltung und Satz: Typografik & Design – Ingeburg Zoschke
Reproduktion: LiSa Reproduktion und Satz GmbH
Druck und Binden: Westermann Druck Zwickau GmbH
Printed in Germany
Gedruckt auf alterungsbeständigem Papier mit chlorfrei gebleichtem Zellstoff

Inhaltsverzeichnis

Einleitung 7

Kalendarium I. Quartal 1933 10

Der Start 11

Der Abbau der Demokratie 14

Aufputschung der Massen 17

Eilvorbereitungen eines Festakte 19

Im Kampf gegen das NS-Regime 23

In der Allianz der Unvernunft 27

Letzte Vorbereitungen zum »Tag von Potsdam« . . . 32

Der Tag in Potsdam 39

Die Propagandawelle über Deutschland   49

Ausblicke 54

Dokumentation 58

Ende Januar 1933 58

Februar 1933 59

März 1933 73

Rückblicke 153

Literaturverzeichnis (Auswahl) 155

Einleitung

Der nahende Frühling veränderte auch 1933 die Parks und Gärten von Potsdam. Es sprossen Krokusse, Osterglocken, Tulpen und andere Frühlingsblumen. Das Gelb der Forsythien und dazu weiße, rote und lila Farbtupfer machten sich mehr und mehr im satten Grün bemerkbar. Die von den Gärtnern beschnittenen Bäumchen und Sträucher zeigten sich als Kugeln, Pyramiden und Hecken. Vielstimmiges Vogelgezwitscher erklang überall. In dieser Umrahmung und im Schein der milden Sonnenstrahlen entfaltete sich die Schönheit der Schlösser und der weiteren Bauten, der Denkmäler, Skulpturen und Brunnen im Park von Sanssouci (Ohne Sorge) zu besonderer Pracht. Die Besucher bewunderten das Schloß mit der Bildergalerie und den Neuen Kammern, das Neue Palais mit seinen Nebenbauten, die Orangerie, das Chinesische Teehaus, Schloß Charlottenhof, die Römischen Bäder und viele andere Sehenswürdigkeiten.

Zum Fluidum von Potsdam gehörte damals wie heute aber noch mehr: die Einbettung in eine zauberhafte Umgebung, geprägt durch die Havel und ihre Buchten, durch Nebenflüsse, Seen, Inseln, Wälder, Äcker, Weiden, Alleen, Straßen, Hügel und Niederungen. Das Bild der Stadt bestimmten und bestimmen neben den Schlössern die Stadttore, Brücken, Amtsgebäude, Kirchen, Museen, Schulen, Kasernen, Villen, Wohn- und Geschäftshäuser.

Zu entdecken ist immer noch eine Fülle von Zeugnissen der Vergangenheit, wenn auch die Bauten vor allem der Frühzeit der Stadt nicht erhalten geblieben sind. Große Verluste gab es am Ende des Zweiten Weltkrieges. Bei einem Luftangriff am 14. April 1945 versanken bedeutende Teile der Altstadt in Schutt und Asche. Es starben mehr als 5 000 Menschen. Zehntausende wurden verletzt, Zehntausende ob-

Blick vom Brauhausberg über die Potsdamer Innenstadt.
Links hinter der Havel: Marstall, Stadtschloß, Nikolaikirche,
davor: Palasthotel, Seitenflügel des Palastes Barberini,
hinter der Nikolaikirche Turm der katholischen Kirche

dachlos. Die Bomben vernichteten den Palast Barberini und viele Gebäude am Alten Markt. Stark beschädigt wurden die 1730/35 erbaute Garnisonkirche und das 1744/51 fertiggestellte Stadtschloß. Die Ruine des Schlosses wurde 1960 gesprengt, es folgte 1968 die Garnisonkirche. Die schwer getroffene Nikolaikirche, ein Bauwerk Karl Friedrich Schinkels 1830/37 (vollendet 1848), das Alte Rathaus und einige barocke Bürgerhäuser wurden dagegen wieder hergestellt.

Potsdam wurde als slawische Fischersiedlung Poztupimi (Unter den Eichen) erstmals in einer Urkunde von Kaiser Otto III. im Jahre 993 erwähnt. Im 14. Jahrhundert erhielt der Ort

Stadtrecht und wurde vom Großen Kurfürsten (1640 – 1688) seit 1660 ausgebaut. Er wuchs unter dem Hohenzollern zuerst zu einer Garnison-, dann zu einer Residenzstadt heran. Die Preußenkönige Friedrich Wilhelm I. (1688 – 1740), der Soldatenkönig, sein Sohn Friedrich II. (1712 – 1786), Philosoph, Feldherr und Landesvater, sowie Friedrich Wilhelm IV. (1795 – 1841), der Romantiker auf dem Thron, nahmen besonderen Einfluß auf die Entwicklung der Stadt. Ein Ergebnis des Aufschwunges war, daß Potsdam eine immer größer werdende Beachtung in Europa fand. Französische, holländische, böhmische und russische Einwanderer fanden hier eine neue Heimat und trugen zum wirtschaftlichen und kulturellen Aufstieg bei.

Deutsche und ausländische Architekten, Bildhauer, Maler, Musiker, Schriftsteller und Wissenschaftler haben in Potsdam ihre Spuren hinterlassen. Als drei Beispiele für eine

Fülle von Namen seien genannt: die Baumeister und Maler Georg Wenzeslaus von Knobelsdorff (1699 – 1751) und Karl Friedrich Schinkel (1781 – 1841) sowie der Landschaftsgestalter Peter Joseph Lenné (1789 – 1866). Mit der Aufnahme in die UNESCO-Liste des Weltkulturerbes 1991 wurde ihrem Schaffen in Sanssouci und Charlottenhof, im Neuen Garten, Sakrow, Babelsberg und der Pfaueninsel weltweite Anerkennung zuteil.

Potsdam stand in seiner mehr als 1000jährigen Geschichte im Mittelpunkt einer wechselvollen Geschichte mit Höhen und Tiefen. Der »Tag von Potsdam« am 21. März 1933 war ein Ergebnis in der Anfangsphase in Deutschlands dunkelster Zeit. Dieses Buch versucht in der Einleitung, in der Dokumentation und durch die Illustrationen die verschiedenen Facetten in der Entwicklung vom 30. Januar bis zum 1. April 1933 im Zeitraffer zu erfassen. Damit erhalten die Vorbereitung und die Veranstaltungen am 21. März 1933 eine historische Einbettung.

Der Buchumfang setzte enge Grenzen und erzwang aus der großen Materialfülle die Weglassung vieler interessanter Dokumente. Selbst bei der Nennung von Personen wurden daher auch nicht alle mit Erläuterungen versehen. Ein erfreuliches Ergebnis der Recherchen war die Fülle von Illustrationen – doch auch hier mußte eine Auswahl getroffen werden. Übrig blieb dennoch genügend von dem Stoff, der sich mit hochkonzentrierter Salzsäure vergleichen läßt – ätzend und gefährlich über alle Maßen in seiner Wirkung.

Kalendarium I. Quartal 1933

Januar				
S 1	8	15	22	29
M 2	9	16	23	30
D 3	10	17	24	31
M 4	11	18	25	
D 5	12	19	26	
F 6	13	20	27	
S 7	14	21	28	

Februar				
S	5	12	19	26
M	6	13	20	27
D	7	14	21	28
M 1	8	15	22	
D 2	9	16	23	
F 3	10	17	24	
S 4	11	18	25	

März				
S	5	12	19	26
M	6	13	20	27
D	7	14	21	28
M 1	8	15	22	29
D 2	9	16	23	30
F 3	10	17	24	31
S 4	11	18	25	

Der Start

Am 30. Januar 1933 verkündeten die Mittagsnachrichten des Rundfunks und dann Extrablätter und Abendzeitungen die um 11.20 Uhr durch den Reichspräsidenten vollzogene Ernennung von Adolf Hitler (1889–1945) zum Reichskanzler. Zum Vizekanzler und Reichskommissar für Preußen wurde Franz von Papen (1879–1969) berufen. Er war 1932 fünf Monate lang selbst Kanzler gewesen und gehörte nun zu den acht nationalkonservativen Kabinettsmitgliedern. An Hitlers Seite standen zwei andere Politiker der Nationalsozialistischen Deutschen Arbeiterpartei (NSDAP): Hermann Göring (1893–1946), Minister ohne Geschäftsbereich, der aber als kommissarischer Innenminister Preußens den Polizeiapparat dieses Kernlandes befehligte, sowie Dr. Hermann Frick (1877 –1946), der an die Spitze des Reichsministeriums des Innern trat. In der neuen Regierung, die sich »Kabinett der nationalen Konzentration« nannte, waren die aus den alten Eliten (Adel, Industrielle, Großgrundbesitzer, hohe Militärs) stammenden Minister in der Mehrheit. Baron von Papen meinte damals zu einem Vertrauten über Hitler: »Wir haben ihn uns engagiert.«

Die NSDAP hatte sich zielstrebig auf die Machtübernahme vorbereitet. Ihr Führer Adolf Hitler war gewillt, um jeden Preis die Alleinherrschaft durchzusetzen, doch zunächst mußte er sich mit seinen Koalitionspartnern arrangieren. Sein Reichspropagandaleiter notierte allerdings schon am 31. Januar über die Vergabe der Ministerposten an Papen und andere: »Das sind Schönheitsfehler. Müssen ausradiert werden.«

Die NSDAP hatte einen beträchtlich schwankenden Mitgliederstand vor 1933, stand nun bei 1,5 Millionen nach eigenen Angaben und einem noch höheren Gefolge in den Gliederungen und Verbänden (SA über 4 Millionen, Hitlerjugend 2,3 Millionen, SS 58 000; nach Eigenangabe über 10 Millionen) und einem Wähleranhang von 13,7 Millionen im Juli 1932 und 11,7 im November 1932. Kernpunkte des Parteiprogramms waren seit 1920 die Schaffung »Groß-Deutschlands«, die Forderung nach der Aneignung der durch den Versailler Vertrag verlorenen Gebiete und Kolonien, die Degradierung der Juden zu Staatsbürgern zweiter Klasse, die Vergrößerung der Streitkräfte und die Schaffung einer starken Zentralgewalt im Reich. Eine Reihe demagogischer Phrasen sollte diese Mischung von Chauvinismus, Rassismus, Antikommunismus und des Kurses auf einen Revanchekrieg publikumswirksam machen. Versprechungen zur Beseitigung der Arbeitslosigkeit und zur Verbesserung der Lebenslage breiter Teile des Volkes sollten den Zulauf weiterer Anhänger bringen.

Die Deutschnationale Volkspartei (DNVP) hatte im Oktober 1931 zusammen mit dem ihr nahestehenden Stahlhelm, dem Bund ehemaliger Frontsoldaten, und weiteren nationalistischen Verbänden ein Zusammengehen mit der NSDAP in der Harzburger Front vereinbart, das allerdings nur kurze Zeit währte. Gemeinsam verband sie der Wille zur Bekämpfung des Versailler Vertrages und zur Errichtung eines mächtigen Deutschlands. Es gab unterschiedliche Strömungen in der DNVP: die Mehrheit befürwortete die Monarchie, eine Minderheit eine Republik; Alldeutsche standen neben einer gemäßigteren Gruppierung. Vorsitzender der Partei war seit 1928 Alfred Hugenberg (1865–1951), Chef eines Wirtschafts-, Presse- und Film-Imperiums. Am 30. Januar 1933 wurde er Reichsminister für Wirtschaft sowie für Ernährung und Landwirtschaft und übernahm außerdem noch diese Ressorts in Preußen. Hugenberg meinte intern, er könne Hitler an »die Leine legen«.

Sein Amt als Reichsjustizminister führte auch nach dem 30. Januar Franz Gürtner (1881–1941), Mitglied der DNVP, weiter. Franz Seldte (1882–1947), Führer des paramilitärischen Stahlhelms (1932: 340 000 Mitglieder), Likörfabrikant, wurde neuer Reichsarbeitsminister.

In den Kreisen der DNVP sah man den Aufstieg der NSDAP auch mit gemischten Gefühlen und befürchtete ein Schwinden des eigenen Einflusses. Ein Versuch, dies aufzuhalten, war die Erweiterung zum Wahlblock »Kampffront Schwarz-Weiß-Rot« im Februar 1933, an dem sich der Stahlhelm und mehrere namhafte Politiker wie Papen und Seldte beteiligten. Es sollte vergeblich bleiben.

Wenige Stunden nach der Ernennungszeremonie am 30. Januar begann die neue Regierung in der Reichskanzlei mit dem Meinungsaustausch über die ersten Schritte. Einig war man sich, gegen die KPD mit allen Mitteln vorzugehen. Ein Verbot wollte man umgehen, da als mögliche Gegenmaßnahme ein Generalstreik vermieden werden sollte. Die Ausschaltung des Hauptfeindes sollte so erfolgen, daß die eigene Macht nicht gefährdet wurde. Von Anfang an wurde die Neuwahl des Reichstages einkalkuliert, um eine Erhöhung der Mandate zugunsten der Regierungskoalition zu erreichen.

Die Besorgnisse im Ausland angesichts des Amtsantrittes der Hitlerregierung sollten gezielt »beruhigt« werden (Dok. 1). Im Inland beobachtete die Politische Polizei sorgsam Meinungsverschiedenheiten zwischen KPD, SPD und den verschiedenen Gewerkschaften (Dok.2). Der Terror gegen die Gegner begann mit Verboten ihrer Demonstrationen, Versammlungen und Zeitungen, mit Hausdurchsuchungen und Verhaftungen (Dok. 3). Tätlichkeiten und Mißhandlungen nahmen zu.

Am 3. Februar 1933, vier Tage nach der Regierungsbildung, sprach Hitler im Bendlerblock in Berlin vor den Generälen über seine Ziele (Dok. 4, 5). Von »Ausrottung des Marxismus mit Stumpf und Stiel«, Wehrertüchtigung, Wiedereinführung der Wehrpflicht und Aufrüstung war die Rede. In Aussicht wurden die »Eroberung neuen Lebensraumes im Osten und dessen rücksichtslose Germanisierung« gestellt. Diese Töne kamen an. Ein General bemerkte nach der 1 1/2-stündigen Rede Hitlers: »Noch niemals hat sich ein Reichskanzler so warm für die Interessen des Militärs ausgesprochen«. Gegenüber der Weltöffentlichkeit und auch vor der eigenen Bevölkerung zog Hitler es allerdings in Aufrufen und Reden vor, die Erhaltung des Friedens als Zielsetzung zu betonen.

Der Abbau der Demokratie

Stufe um Stufe wurde der Abbau der Demokratie betrieben, wobei die Hitlerregierung gleichzeitig Schritt für Schritt die Macht stabilisierte. Dies war ein längerer und vielschichtiger Prozeß mit der Anwendung brutaler und rechtswidriger, aber auch scheinbar legaler Mittel mit Hilfe von Gesetzen und Verordnungen. Daneben liefen propagandistische Rechtfertigungen, zu denen die Notwendigkeit der Abwehr »heimtückischer Angriffe« der Linken, Hinweise auf die »nationale Erneuerung« und die Schaffung der »Volksgemeinschaft« gehörten. Durch Dekret des Reichspräsidenten wurde am 1. Februar der Reichstag aufgelöst und Neuwahlen zum 5. März angesetzt. Die »Verordnung zum Schutz des deutschen Volkes« (4.2) enthielt verschärfte Bestimmungen zur Zulassung von Versammlungen und für Maßnahmen gegen oppositionelle Presseorgane. Eine Notverordnung vom 6. Februar übertrug die letzten Rechte der Regierung Preußens an Reichskommissar von Papen und an die zur Lenkung der verschiedenen Ministerien eingesetzten Beauftragten. Der preußische Landtag wurde aufgelöst. In Preußen, dem größten Land des Deutschen Reiches, lief eine Entlassungswelle mißliebiger Beamter, insbesondere solcher mit dem Parteibuch der SPD, an. In kurzer Zeit vollzog sich ein Ämterwechsel hinunter bis in die Städte und Gemeinden (Dok. 7). Funktionäre der NSDAP stiegen auf. Ein Erlaß Görings erlaubte der preußischen Polizei den rücksichtslosen Schußwaffengebrauch. Ein weiterer Erlaß führte am 22. Februar zur Bildung der sogenannten Hilfspolizei, in die in Preußen 40 000 Männer der SA und SS sowie weitere 10 000 aus dem Stahlhelm aufgenommen wurden. Allgemein hieß es, die Hilfspolizei solle »zum Schutze der durch staatsfeindliche Umtriebe gefährdeten öffentlichen Sicherheit eingesetzt werden«. Doch neben Einsätzen bei Absperrungen und zum Schutz von Versammlungen nahmen sie auch eigenständig Hausdurchsuchungen und Verhaftungen von Hitlergegnern, Verhöre und Mißhandlungen vor. Allein in Berlin wurden 2 000 SA- und SS-Männer zu Hilfspolizisten bestallt. In verschiedenen Städten Brandenburgs, so in Pritzwalk, Templin und Wittstock, maßte sich die SA schon vor dem Erlaß an, bewaffnete Patrouillen zu Kontrollen auf die Straße zu entsenden. Unmittelbar nach dem Reichstagsbrand vom 27. Februar setzte die »Verordnung zum Schutz von Volk und Staat« entscheidende Artikel der Weimarer Verfassung zur Sicherung der demokratischen Grundrechte außer Kraft. Dies traf u.a. das Recht der freien Meinungsäußerung, die Pressefreiheit, das Versammlungsrecht und das Postgeheimnis. Seitdem regierte auf Dauer der Ausnahmezustand. Noch in der Nacht vom 27. zum 28. Februar wurden im Reich mehr als 10 000 Personen verhaftet, zumeist nach Listen, die die Politische Polizei schon in der Weimarer Republik angelegt hatte. Opfer der Verfolgungsjagd waren Funktionäre und Abgeordnete der KPD und SPD, darüber hinaus auch bürgerliche Demokraten (Dok. 12, 13, 17).

Der Berliner Polizeipräsident forderte öffentlich in der Presse die »staatsbejahende Bevölkerung« dazu auf, »Schädlingen« das Handwerk zu legen. Für jeden Berliner, der Hersteller und Verteiler illegaler Flugblätter und Schriften anzeige, wurde eine Geldprämie bis zu 1 000 Mark ausgesetzt.

Bald sickerten immer mehr Schreckensmeldungen aus den SA-Folterhöllen und Gefängnissen durch. Sogar die zu dieser Zeit noch nicht »gleichgeschalteten« bürgerlichen Zeitungen wiesen mehrfach auf die Brutalität und die Willkür der SA und SS hin. Am 8. März wurde das Verlagshaus der sozialdemokratischen »Dresdner Volkszeitung« von einer SA-Abteilung besetzt. Beschlagnahmte Broschüren, Bücher und Mobiliar wurden auf einem Scheiterhaufen verbrannt. Einen Tag später wurde Wilhelm Sollmann (1881 – 1951), Reichstagsabgeordneter der SPD, Chefredakteur der »Rheinischen Zeitung«, früher Reichsinnenminister, in seinem Haus in Köln-Rath verhaftet. Zusammen mit einem Redakteur seines Blattes wurde er in der Gauleitung der NSDAP wiederholt von SA-Männern geschlagen, ihnen wurde Rizinus eingeflößt und angedroht, sie würden am folgenden Tag nach einem Fackelzug der NS-Kolonnen auf einem Scheiterhaufen enden.

Da dies nicht nur im Rheinland Gesprächsstoff war, brachte auch die »Potsdamer Tageszeitung« am 10. 3. eine Verlautbarung des Kölner Regierungspräsidenten, beide Journalisten seien in ihren Wohnungen »von Gruppen politisch Andersdenkender angegriffen« worden, »erhielten dabei leichtere Körperverletzungen« und wären mit weiteren SPD-Funktionären »im Interesse ihrer eigenen Sicherheit in Schutzhaft genommen«. Die Deutsche Allgemeine Zeitung« und andere bürgerliche Zeitungen meldeten am 10. März die Verhaftung von Fritz Schäffer (1888 – 1967), bayrischer Staatsrat und Vorsitzender der Bayrischen Volkspartei, in seiner Dienstwohnung durch SS. Auch sein Parteifreund Karl Stützel (1872 – 1935), Innenminister von Bayern, wurde verhaftet und entwürdigend im Nachthemd zu Verhören nach München in das »Braune Haus«, die Parteizentrale der NSDAP, verschleppt. Zu den »Schutzhäftlingen« dieser Tage gehörten Ernst Reuter (1889 – 1953), Oberbürgermeister von Magdeburg, und sein Stellvertreter, die vor einer Hakenkreuzfahne gedemütigt wurden. Verhaftet wurden Dr. Joseph Schmitt (1874 – 1939), Staatspräsident von Baden, Carl Ulitzka, Reichstagsabgeordneter der Zentrumspartei, katholischer Prälat aus Ratibor, der SPD-Reichstagsabgeordnete Gerhard Seger aus Dessau und viele andere. Am 10. März veröffentlichte der »Berliner Börsen-Courier« eine Namensliste von 43 »Schutzhäftlingen«, die sich im Polizeipräsidium Berlin, im Moabiter und Spandauer Gefängnis befanden. Genannt wurden die Schriftsteller Erich Mühsam und Ludwig Renn, der Publizist Carl von Ossietzky, der parteilose Rechtsanwalt Hans Litten, die Pazifisten Fritz Küster und Otto Lehmann-Rußbüldt, die KPD-Funktionäre Walter Stöcker und Ernst Thälmann.

Die Zahl der Folterstätten der SA in Berlin stieg bald auf 50, dann bis 105 an. In diesen »wilden Konzentrationslagern« war der Terror der Nazischläger gegen ihre Opfer besonders grausam.

Aufputschung der Massen

Am 1. Februar 1933 schrieb Dr. Joseph Goebbels (1897 – 1945), Reichspropagandaleiter der NSDAP und Gauleiter von Berlin über die Stimmung in der deutschen Bevölkerung: »Wir werden noch einen sehr intensiven Kampf führen müssen. Auch ist die Lage im Lande noch nicht so eindeutig, daß man von einer absoluten Befestigung unserer Position reden kann.«

Zu einer wichtigen Bewährungsprobe für Goebbels und dem von ihm gelenkten Propagandaapparat der NSDAP wurde der Wahlkampf für den neuen Reichstag. Besonders hilfreich war die Spende mehrerer Millionen Mark durch Konzerne und Banken. Eine bedeutende Rolle spielte, daß viele oppositionelle Presseorgane verboten waren und die Durchführung von Versammlungen der Hitlergegner massiv behindert wurde. Hinzu kam, daß der Beginn der »Gleichschaltung« des Rundfunks es möglich machte, dieses wichtige Massenmedium zur einseitigen politischen Beeinflussung zu mißbrauchen.

In Vorbereitung der Wahl am 5. März wurde das ganze Land mit einer Welle von Aufmärschen, Kundgebungen und Veranstaltungen überrollt, bei denen bestimmte Riten zur Aufpeitschung der Gefühle exerziert und eine einstudierte Schau geboten wurden. Bis in die Details war alles ausgefeilt: die Abfolge der Märsche und Lieder im Programm, die Ausschmückung der Räume, der Einsatz des Saalschutzes und der Fahnengruppen und natürlich der Inhalt der Reden. Im Vordergrund stand der auf Hitler zugeschnittene Führerkult. Der »Retter« des Vaterlandes vor dem kommunistischen Chaos, der »Garant« für die Überwindung des Klassenkampfes und der Abschaffung der Arbeitslosigkeit, der Führer in eine bessere Zukunft wurde wie mit einer tibetanischen Gebetsmühle unablässig gepriesen. Immer wieder wurde die Vision der Wiedergeburt eines starken und blühenden Reiches beschworen. Es wurde aber auch nicht vergessen, auf Wahlplakaten die in den letzten vier Wochen erreichten »Erfolge« zu loben.

Das Rezept der NS-Propaganda hatte Hitler in seinem 1925 erschienenen Buch »Mein Kampf« ausführlich beschrieben: Nutzung gängiger Parolen, Verwendung einfacher Bilder und Symbole, beharrliche Wiederholung von Appellen an die Gefühle und an den Glauben, dazu eine zielbewußte Verherrlichung der Gewalt. Letzteres war Teil der Wechselbeziehung zwischen der Propaganda und dem Terror gegen Gegner und Andersdenkende. Die Massen sollten eingeschüchtert und zugleich aufnahmebereit für Ideologie und Politik der NSDAP gemacht werden. Hitler benutzte bei seinen vielen Auftritten jede Gelegenheit, seine Feinde mit übelsten Beschimpfungen, mit Spott und Hohn zu überschütten. Für alle Mißstände hatte er »Schuldige« im Visier: die Juden, die Kommunisten, die Sozialdemokraten, die Pazifisten usw.

Während des Wahlkampfes beeilten sich viele Verbände, Institutionen und Einzelpersonen Hitler und seiner Partei ihre Anerkennung und Unterstützung zu versichern: der Reichsverband der deutschen Industrie, der Reichslandbund, der Zentralverband deutscher Haus- und Grundbesitzervereine, der Deutsche Beamtenbund, der Reichsverband des Deutschen Handwerks und 300 Professoren.

Für den 4. März und für die Wahl am Sonntag am 5. März, war ein Großaufgebot an Polizei und Hilfspolizei im Einsatz. Alle Dienststellen in Preußen mußten Berichte über Vorkommnisse an die Kommandozentrale in Berlin durchgeben. Bei 71 Festnahmen z.b. in Berlin und 33 in Potsdam wurde dennoch ein »ruhiger« Verlauf gemeldet (Dok. 23, 24).

Die NSDAP erreichte zwar am 5. März einen Stimmenzuwachs von 5,5 Millionen, aber sie hatte mit 43,9 % sowie den 8 % des Koalitionspartners DNVP nur eine knappe Mehrheit von rund 51 % im Reichstag, das waren 240 Mandate von insgesamt 647. Das Ziel einer baldigen Verfassungsänderung und des Ermächtigungsgesetzes, Voraussetzungen für die Übernahme der uneingeschränkten Macht im Staate, war jedoch nur mit einer Zwei-Drittel-Mehrheit im Parlament möglich. Ob die Zentrumspartei (74 Mandate) und die Bayrische Volkspartei (18) dazu bereit wären, war fraglich. Andere bürgerliche Parteien blieben nur Splittergruppen. Die Oppositionsparteien KPD und SPD waren durch gegensätzliche politische Auffassungen zu weit voneinander getrennt, um als echte Gegenkraft wirken zu können. Trotz des massiven Terrors hatte die KPD 81 Mandate, die SPD 120 erringen können (Dok. 25). Den günstigsten Ansatz zur Ausweitung ihrer Macht sah die Naziführung in einer Annullierung der Mandate der KPD. Dies brachte eine bedeutende Kräfteverschiebung im Reichstag. Am 9. März erklärte die Regierung die 81 Mandate der KPD für ungültig. Bei der Versendung der Einladungen zu den Eröffnungssitzungen von Reichs- und Landtag wurden die gewählten Abgeordneten bewußt übergangen. Ihre Diäten wurden einbehalten und zur Finanzierung der Hilfspolizei genutzt.

Der nächste Schachzug war die Bildung des Reichsministeriums für Volksaufklärung und Propaganda. Goebbels hatte sich seit 1932 darauf im Falle einer Machtübernahme vorbereitet. Als das Kabinett dem von Hitler gestellten Antrag am 11. März zustimmte und Hindenburg dann die Ernennungsurkunde unterzeichnete, war der Weg frei für eine zentral gelenkte Meinungsmanipulierung durch alle Medien.

Eilvorbereitungen eines Festaktes

Bereits am Abend des Brandes des Reichstagsgebäudes, als der Ausfall dieser Tagungsstätte für eine geraume Zeit zu erkennen war, hatte Hitler die Idee, den neugewählten Reichstag im Stadtschloß von Potsdam zur Eröffnungssitzung antreten zu lassen. Dieser Vorschlag in der Kabinettsrunde zog sofort weitere Überlegungen im Reichsministerium des Innern nach sich. Erste Telefonate aus dieser Behörde mit der Verwaltung der Staatlichen Schlösser und Gärten in Berlin zur Suche eines geeigneten Saales in Potsdam brachten nicht die erhofften Ergebnisse. Am 1. März rief gegen 15.00 Uhr Ministerialrat Dr. Georg Kaisenberg, ein Experte für die Durchführung von Wahlen, Großveranstaltungen und dergleichen in Potsdam bei Dr. Friedrich Bestehorn, Obermagistratsrat in der Stadtverwaltung, an und informierte ihn über die Absicht des Kanzlers. Bestehorn erbat eine halbe Stunde Bedenkzeit. Nach der Prüfung der verschiedenen Möglichkeiten kam er auf den Einfall, die Garnisonkirche zu empfehlen. Eiligst wurde der Innenminister verständigt, und dieser erteilte Bestehorn den Auftrag, das Einverständnis der Kirchengemeinde einzuholen, eine Reihe baulicher Fragen zu klären und noch bis 22.00 Uhr eine Erfolgsmeldung nach Berlin zu geben. Dies geschah.

Am 2. März beschloß die Regierung, die feierliche Eröffnung des neuen Reichstages in der Garnisonkirche in Potsdam durchzuführen. Eine Rundfunkmeldung verkündete dies um 14.00 Uhr (Dok. 15). Abendzeitungen gaben die Nachricht weiter (Dok. 16). Ein genauer Termin wurde noch nicht bekanntgegeben. Die Neuigkeit schlug in Potsdam wie ein Blitz ein. In einigen Amtsstuben und bei mehreren Personen regte sich Widerspruch. Zu den Kontrahenten gehörten der Präsident des Evangelischen Oberkirchenrates, sein Stellvertreter und der Generalsuperintendent der Kurmark. Sie erklärten besorgt, ein Gotteshaus dürfe nicht für politische Zwecke genutzt werden. Vor allem befürchteten sie, die Garnisonkirche würde für längere Zeit für Sitzungen des Reichstages zur Verfügung gestellt werden müssen und könnte durch »Radauszenen« der Kommunisten und »Lärmszenen« der Sozialdemokraten entweiht werden (Dok. 19). Auch Otto von Roeder, wohnhaft Potsdam, Auguste-Victoria-Str. 3, vor der Pensionierung Major im 1. Garderegiment zu Fuß, protestierte schriftlich beim Gemeindekirchenrat der Garnisonkirche und beim Vizekanzler von Papen gegen den Plan (Dok. 20). Ebenso dachte der Nationalökonom Prof. Constantin von Dietze, der in Potsdam lebte, aber in Berlin lehrte.

Dr. Hermann Kapler, der Präsident des Oberkirchenrates, und der Vizepräsident Dr. Georg Burghart erwirkten in einer Audienz beim Reichspräsidenten, daß die Garnisonkirche nicht Tagungsort politischer Debatten des Reichstages sein dürfe. Der Reichspräsident lud für den 7. März Hitler und den Reichswehrminister zu einer Besprechung zu dieser Sachlage ein. Doch schon zuvor war am 4. März ein Kompromiß

20

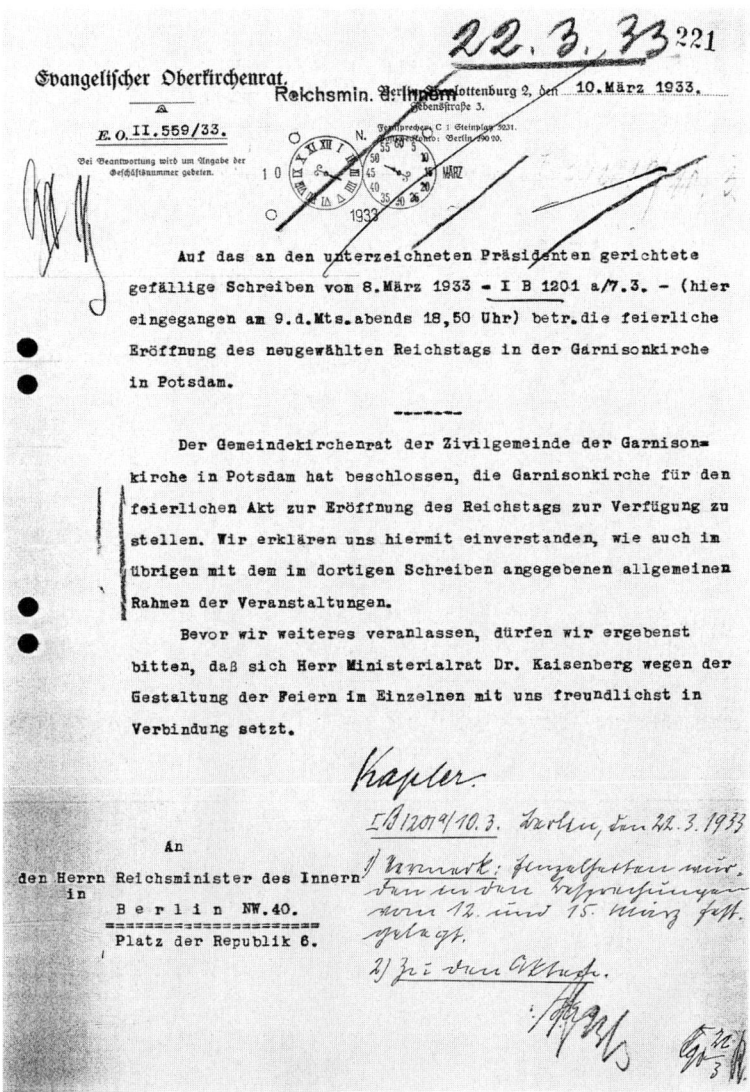

*Schreiben des Präsidenten des Evangelischen Oberkirchenrates an den
Reichsminister des Innern, 10. März 1933*

zwischen Ministerialrat Kaisenberg und dem Generalsuperintendenten der Kurmark, Dr. Dr. Otto Dibelius (1880–1967),
ausgehandelt worden, nur die feierliche Eröffnung des
Reichstages in der Garnisonkirche durchzuführen und für die
eigentlichen Sitzungen einen anderen Raum zu suchen. Die

zunächst starren Fronten gaben beide nach. Nun wurde vorgesehen, noch vor dem Staatsakt nebeneinander einen evangelischen sowie einen katholischen Gottesdienst abzuhalten. Für den evangelischen standen zur Wahl die Garnison- oder die Nikolaikirche in Potsdam und Dibelius meinte, daß für eine dieser Möglichkeiten die Zustimmung des Oberkirchenrates zu erreichen sei (Dok. 19, 21, 22). In Presse und Rundfunk wurden noch verschiedene Termine und Ausweichmöglichkeiten gehandelt; am 7. März wurde noch in der Besprechung beim Reichspräsidenten ein Tag zwischen dem 3. und dem 8. April 1933 in Aussicht genommen.

Am 8. März fiel die Entscheidung, den Festakt am 21. März durchzuführen (Dok. 29). Einmal war der Tag ohnehin symbolträchtig als Frühlingsanfang, und dann war 62 Jahre zuvor am 21. März 1871 der erste Reichstag des (zweiten) Deutschen Reiches durch Otto von Bismarck eröffnet worden. Die Wahl der Garnisonkirche, die als »Ruhmeshalle Preußens« gepriesen wurde, war für die Naziführer in der gewollten Traditionslinie ein Markstein. Hier war die Gruft mit den Särgen der beiden bedeutendsten Preußenkönige – Friedrich Wilhelm I. und Friedrich II. Sie verknüpfte Geschichte und Gegenwart durch Sieges- und Friedensfeiern, Regierungsjubiläen der Hohenzollern, Taufen und Trauergottesdienste. Im Eiltempo entstand eine mehrseitige Ausarbeitung des Potsdamer Polizeipräsidiums für die Sicherheitsmaßnahmen vor und am 21. März (Dok. 26). Schon vorher, am 1. März, waren Befehle für die sofortige verschärfte Überwachung wichtiger Gebäude angelaufen. Tag für Tag lief die Kontrolle von Bahnhöfen, Hotels und Gaststätten. Es gab mehrfach Hausdurchsuchungen bei Verdächtigen und die Durchkämmung von Laubenkolonien. 50 Funktionäre der KPD aus Potsdam und 30 weitere aus dem Kreis Zauch-Belzig gehörten zu den Festgenommenen. Schon während der Vorbereitungen wurde das Überwachungsnetz immer enger gezogen. Wiederholt wurden unterirdische Gänge unter den Kirchen überprüft und dazu auch Spezialtrupps der Reichswehr eingesetzt. Die Besitzer bzw. Verwalter aller Grundstücke, die in unmittelbarer Nähe der drei Kirchen und der

Paradestrecke lagen, erhielten in den folgenden Tagen besondere Auflagen. Am 21. März sollten in jedem Haus Polizei- und Kriminalbeamte postiert werden, alle Haustüren mußten um 10.00 Uhr verschlossen sein, jedes Fotografieren durch Privatpersonen und Blumenwerfen war streng untersagt. Schutzpolizisten mit Karabinern und Maschinengewehren hatten von den Dächern aus alles zu überwachen. Spezielle Anordnungen für die Beobachtung und Kontrolle der Straßen, Brücken, Gewässer und sogar zur »Abwendung von Angriffen aus der Luft« wurden getroffen. Es war das ausgeklügelste Sicherheitssystem, das bis dahin für eine politische Massenveranstaltung in Deutschland erdacht worden war. Alle verfügbaren Polizisten aus Potsdam und Umgebung, dazu die Hilfspolizei und Verstärkungen von der Schutz- und Kriminalpolizei aus Berlin und durch die Polizeischulen Eiche und Brandenburg wurden aufgeboten.

Hitler, Göring und Frick besichtigten am 8. März die Garnisonkirche. Nach Empfehlungen einer Expertenkommission wurde entschieden, wegen bautechnischer Probleme den »Langen Stall«, eine Reit- und Exerzierhalle gegenüber der Garnisonkirche, als Stätte der Geschäftssitzungen des Reichstages abzulehnen und als Ersatz die Kroll-Oper in Berlin/Tiergarten zu nehmen. Hitler und seine Gefolgsmänner verständigten sich mit den Kirchenvertretern über den ausgehandelten Kompromiß (Dok. 29). Viel Zeit verblieb nicht mehr. Die zuständigen Ämter, die beauftragten Firmen und Handwerker erhielten Order, alle notwendigen Reparaturen, technischen Veränderungen und die Ausschmückung der Kirchen vorzunehmen.

Im Kampf gegen das NS-Regime

Am 8. und 9. März wurden im Machnower Forst drei Leichen gefunden. Es waren Arbeiter aus Berlin, dort von SA-Männern verhaftet und ermordet. Der Tapezierer Fritz Nitschmann, parteilos, hatte zehn Einschüsse; Hans Balkuschat, 19 Jahre, hatte zwei Einschüsse weniger. Am 9. März starb in

Braunschweig der Sozialdemokrat Hans Saile als Opfer des Überfalls eines Nazitrupps auf das Gebäude der SPD-Zeitung »Volksfreund«. Am 11. März verhafteten SS-Männer den 22-jährigen Arbeiter Erich Meier aus Spandau, prügelten und erschossen ihn. Der Leichnam wurde bei Carolinenhöhe, nördlich von Potsdam, gefunden. Es verging kaum ein Tag, an dem nicht neue Schreckenstaten bekannt wurden.

Für die Zeit vom 1. bis 15. März meldeten 27 der insgesamt 34 Regierungsbezirke Preußens die Verhaftung von 7 099 Personen, davon 487 aus der Potsdamer Region. Vom 16. bis zum 31. März kamen aus 20 Bezirken 3 669 weitere Verhaftungen hinzu, davon 460 aus Potsdam und Umgebung. In Berlin meldete die Politische Polizei für die Nacht vom 5. zum 6. März die Festnahme von 149 Personen, im 24-Stunden-Rhythmus weitere 71 (6./7.3.), 44 (8./9.), 86 (9./10.), dann wiederum 99 (11./12.) und 44 (12./13.). Bei diesen 44 Festnahmen wurden 17 der Herstellung und des Vertriebs illegaler Druckschriften, 11 der Beleidigung der Regierung, 7 des Verdachts kommunistischer Umtriebe und 4 der Waffenschiebung und des Hochverrats beschuldigt. An den folgenden Tagen wurden jeweils 45, 50 und 53 neue Festnahmen gemeldet. Von den 53 wurden 18 kommunistischer Umtriebe angeklagt, 12 der Verbreitung illegaler Druckschriften, 6 des unerlaubten Besitzes von Waffen bzw. Sprengstoff und 5 der Beleidigung der Regierung. Innerhalb von rund 3 Wochen wurden damit in Berlin 702 Hitlergegner eingesperrt. Die von der Polizei genannten Gründe verdeutlichen, wie und mit welchen Mitteln ungeachtet des Terrors und der Opfer der Widerstandskampf fortgesetzt wurde.

Unter den erschwerten Bedingungen war es wichtig, den Gegner durch neue Methoden zu überraschen. So fiel z.B. der Polizei in Berlin längere Zeit an Litfaßsäulen ein Plakat nicht auf, das zwar ein amtliches Aussehen hatte, aber die Verordnungen der Regierung bezüglich sozialer Hilfeleistungen »als nicht durchführbar« bezeichnete, da der Kanzler »genug mit der Versorgung mit Posten für seine Parteigenossen zu tun habe«. Für erhebliche Unruhe bei den Führern der NSDAP und der Polizei sorgten Aktivitäten im Rundfunkbereich. Am Abend des 15. Februar konnte eine Rede Hitlers in der Stuttgarter Stadthalle über den Rundfunk nicht für das Reich ausgestrahlt werden, weil an mehreren Stellen Kommunisten das Übertragungskabel unterbrochen hatten. Zur Störung einer Sendung kam es im Funkhaus Stuttgart am 2. März, wo ein Mann mit dem Ruf »Nieder mit Hitler, Freiheit!« in ein Studio eindrang. In Breslau konnte die Polizei einen Kurzwellensender beschlagnahmen, der die Wahlrede Hitlers am 1. März aus der Jahrhunderthalle stören sollte. Ein weiterer illegaler Kurzwellensender wurde im Haus des früheren Gewerkschaftsfunktionärs Wilhelm Hinz und dessen Sohn Adolf in Landau in der Pfalz am 15. März ausgehoben.

An Schornsteinen, Hauswänden und anderen weithin sichtbaren Stellen wurden Losungen gegen Hitler und seinen Kurs angebracht. Am 15. März berichtete die Berliner Politische Polizei, daß im Toilettenraum des Flugzeuges des Reichskanzlers die Worte »Tod Hitler!« angeschrieben wurden. Es blieb nicht bei Parolen ...

1933 erhielt die Polizei Kenntnis von mindestens 10 Attentatsdrohungen und -versuchen auf Hitler: Im Februar waren es 2, im März 4. Der Schiffszimmermann Kurt Lutter (KPD) wurde am 3. März in Königsberg unter der Anschuldigung verhaftet, er habe einen Tag später Hitler in einer Wahlversammlung mit Sprengstoff töten wollen. Ein Mann wollte mit einem Gewehr in die Reichskanzlei eindringen. Aus München wurde gemeldet, daß Anton Graf von Arco-Valley, ein bayrischer Nationalist, wegen der Vorbereitung eines Attentates auf Hitler am 13. März verhaftet wurde. Der Graf hatte 1919 den bayrischen Ministerpräsidenten Kurt Eisner erschossen, erhielt ein Todesurteil, wurde aber nach 4 Jahren Festungshaft begnadigt. Am 20. März erschienen in der bürgerlichen Presse Artikel über einen Anschlag von drei Kommunisten, von denen angeblich zwei russisch oder tschechisch sprachen, in München auf Hitler. Es hieß, daß ihr Auto mit Berliner Kennzeichnung IA in der Nähe von Hitlers Wohnung in der Prinzregentenstraße stand und sie Handgranaten auf dessen Kraftwagen werfen wollten. Als Polizisten vorbeikamen, flüchteten die Männer, ohne das Attentat ausführen zu können. Selbst solche knappen Pressehinweise machten damals in der Öffentlichkeit schnell die Runde. Gerüchte bauschten sogar die tatsächlichen Ereignisse oft noch weiter auf. So befürchtete dann die Polizei, Hitler könne ein mit Gift getränkter Blumenstrauß überreicht werden, ein präparierter Füllhalter würde explodieren und eine Dynamitladung unter der Garnisonkirche sei in der Lage, beim Festakt alle Ehrengäste in die Luft zu jagen. So hypothetisch auch die Fragestellung sein mag, für 1933 gilt sie ebenso wie für den 20. Juli 1944: wie wäre die Entwicklung Deutschlands verlaufen, wenn einer der Anschläge geglückt wäre?

Im März 1933 handelten die in die Illegalität gedrängten beiden Hauptkräfte der Opposition mehr neben- und gegeneinander als zusammen gegen ihren Hauptfeind. Die KPD war 1932 die drittstärkste Partei mit 360 000 Mitgliedern und noch mehr Mitgliedern in der Summierung der ihr nahestehenden Massenorganisationen (Rote Hilfe 300 000, Revolutionäre Gewerkschaftsopposition/RGO 250 000, Kampfgemeinschaft für Rote Sporteinheit ca. 250 000, Kampfbund gegen den Faschismus ca. 100 000, Kommunistischer Jugendverband 40 000). Am 5. März stimmten noch 4,8 Millionen Anhänger für sie. Die Verhaftungswellen brachten ihr schwere Verluste. Es wurde schwierig, die verschiedenen Leitungen, Kuriernetze sowie Liefer- und Verteilungsstränge für illegale Zeitungen und Flugblätter personell zu erneuern. Ihre Aufforderungen an die SPD zu gemeinsamen Aktionen wurden, wenn überhaupt, nur örtlich oder regional gehört und in viel zu geringem Maße realisiert. Die SPD hatte den größeren Einfluß, aber auch die Zahl ihrer Parteimitglieder (Januar 1933 1 Million) und ihrer Anhänger (Allgemeiner Deutscher Gewerkschaftsbund/ ADGB 1932 4 Millionen, Reichsbanner etwa 3,5 Millionen, Sozialistische Arbeiterjugend/SAJ 56 000) sank. Das Wählerpotential hatte sich am 5. März 1933 nur wenig verringert (7,1 Millionen). Illusionen über die Möglichkeit einer Wahlniederlage der NSDAP und einer Spaltung der Regierungskoalition, ein weitverbreitetes Abwartedenken und ein Unterschätzen der Gefährlichkeit des Naziterrors lähmten die Kampfbereitschaft der Partei. Es lief ein Prozeß des Übergangs in die Illegalität, aber er hatte viele Hürden zu überwinden.

Es gab mutige Proteste einzelner SPD- und Gewerkschaftsführer gegen die zunehmende Rechtsunsicherheit im Lande. Mehrfach wandte sich Hermann Ernst Schlimme (1882–1955), Sekretär des Bundesvorstandes des ADGB, an den Reichskanzler, an mehrere Minister, an den Chef der Präsidialkanzlei und auch an den Reichspräsidenten. Er unterrichtete sie an Hand zahlreicher Beispiele über den brutalen Terror gegen Gewerkschaftler und verlangte von ihnen ein persönliches Eingreifen (Dok. 41, 47, 65). Alle Eingaben kamen in die Aktenablagen ohne weitere Reaktionen.

Es gab Klagen besorgter höherer Beamter: z.B. wies der Landrat von Teltow darauf hin, daß ein nicht geringer Teil der Einwohner dauernd in »Furcht und Angst« lebe, und der Landrat der Ostprignitz bezeichnete die politischen Verhältnisse in der Region als »Wildwestzustände«. Warnend meldeten sich eine Reihe bekannter bürgerlicher Politiker zu Wort, darunter die Altreichskanzler Dr. Joseph Wirth (1879–1967), Wilhelm Marx (1863–1946) und Dr. Heinrich Brüning (1885–1970) von der Zentrumspartei, Otto Nuschke (1883–1957), Landtagsabgeordneter der Deutschen Staatspartei, und Dr. Georg Heim (1865–1938) von der Bayrischen Volkspartei. Waren es damals noch wenige, die sich Sorgen um die Zukunft Deutschlands machten, so waren sie doch wegweisend.

In der Allianz der Unvernunft

Auch bei den Deutschnationalen, dem Koalitionspartner der NSDAP, gab es Funktionäre, die die Brutalität und die Willkür der braunen Schlägerkolonnen ablehnten. Am 10. März schrieb Dr. Friedrich von Winterfeld, Stellvertretender Vorsitzender der DNVP, an Reichskanzler Hitler und forderte ihn auf, gegen die zunehmende Rechtsunsicherheit einzuschreiten (Dok. 35). Anders verhielt sich der Parteivorsitzende Hugenberg. Beim Regierungsantritt war er noch der Meinung, Hitler an die Leine legen zu können. In den entscheidenden Fragen erwies er sich völlig nachgiebig. Gegen den Bruch des dreimal von Hitler am 30. und 31. Januar gemachten Versprechens, das Kabinett würde nicht verändert, erhob er keine Einsprüche, als weitere NSDAP-Führer zu Ministern ernannt wurden. Der Terror gegen die Linken berührte ihn nicht. Dem Kurs der NSDAP gegen Versailles und für eine Aufrüstung stimmte er zu. Bei den Kabinettssitzungen war er immer dann besonders aufmerksam, wenn Tagesordnungspunkte seinen UFA-Filmkonzern und seinen Scherl-Verlag tangierten. Für seinen Fleiß als Minister sprach, daß er in fünf Wochen an der Ausarbeitung von acht Gesetzen und 18 Verordnungen aktiv teilnahm. Hier standen die Interessen der Großagrarier im Vordergrund, u.a. bei Einfuhrbeschränkungen bestimmter Landwirtschaftsprodukte. Verhängnisvoll war, daß Hugenberg seinen Einfluß aufbot, die Bedenken einiger kritischer Reichstagsabgeordneter der DNVP zu dämpfen. Dies traf auch Dr. Ernst Oberfohren (1881–1933), seit 1929 Fraktionsvorsitzender, der aus Enttäuschung Ende März sein Mandat niederlegte und am 7.5.1933 Selbstmord beging. Diejenigen, die ihre Funktionen aufgaben oder aus der Partei austraten, blieben eine kleine Minderheit.

Auch im Stahlhelm gab es unterschiedliche Meinungen. Ein Teil der Mitglieder registrierte besorgt die Überheblichkeit und den Herrschaftsdrang vieler Funktionäre der NSDAP. Als im Februar 1933 SA-Leute in Sachsen-Anhalt ihre Verbündeten demütigten und meinten:»Nach dem 5. März brauchen wir Euch nicht mehr, dann machen wir alles allein!«, da war eigentlich nur das Datum verfrüht angegeben. Der Landesführer des Stahlhelms, Graf Werner von Alvensleben (1875–1947), wiegelte auf einer Kundgebung empörte Stimmen von Mitgliedern ab, wer so wie sie rede,»werfe Dreck auf den reinen Anzug Hitlers«, es gelte»der Pakt mit einem vornehmen Ehrenmann«. Auf einer vorangegangenen Führertagung des Stahlhelms in Magdeburg wurde die Order ausgegeben, alle Mitglieder hätten SA-Männer zuerst zu grüßen,»auch wenn auf eine Erwiderung des Grußes nicht zu rech-

Ehrenkompanie des Stahlhelms am 21. März mit zwei Hohenzollernprinzen: Prinz Eitel Friedrich (Flügelmann rechts im ersten Glied) und Prinz Oskar (Flügelmann links, verdeckt)

nen sei«. So standen Ablehnung und Selbstunterwerfung nebeneinander. Die Mehrheit folgte jedoch der Führung, die am 12. März erneut die Fortsetzung des Kampfes gegen Weimar und Versailles sowie für »Großdeutschland« bekräftigte.

Die »Potsdamer Tageszeitung«, eine deutschnational ausgerichtete Privatzeitung mit monarchistischen Tendenzen, enthielt am 4. Februar 1933 eine kleine, aber inhaltsschwere Meldung. Unter der Überschrift »Rückkehr des Kaisers nicht zu erwarten« stand: »Die Generalverwaltung des früheren Königshauses läßt erklären, daß alle in ausländischen Zeitungen verbreiteten Mitteilungen über die Rückkehr des Kaisers nach Deutschland auf Grund einer Vereinbarung mit Hitler oder mit Hugenberg 'böswillige Lügen' seien.«

Monarchistische Kreise in Deutschland traten dennoch weiterhin für die Rückkehr des in der Novemberrevolution 1918 nach Holland geflohenen Kaisers Wilhelm II. (1859 – 1941) ein. Der Hohenzoller hatte als deutscher Kaiser und König von Preußen abgedankt und lebte in Doorn. Seit Mitte der 20er Jahre hoffte er auf eine Rückkehr auf den Thron und pflegte Kontakte zu Göring und Hitler. Sondierungsversuche seiner zweiten Frau im Februar 1933 in Berlin, über die auch in Großbritannien berichtet wurde, blieben ergebnislos (Dok. 11). Die Entwicklung in Deutschland verfolgte er aufmerksam. Einen in den USA veröffentlichten Brief des Exkaisers mit Ratschlägen zur Beseitigung der Massenarbeitslosigkeit verbreiteten am 20. Februar auch deutsche Zeitungen. Wilhelm befürwortete den Einsatz der Arbeitslosen beim Bau von Straßen und Kanälen, bei der Urbarmachung von Sümpfen und der Errichtung neuer Siedlungen.

Sein ältester Sohn Wilhelm (1882–1951), Kronprinz des Deutschen Reiches und von Preußen, Befehlshaber einer Heeresgruppe im Ersten Weltkrieg, war im November 1918 ebenfalls nach Holland geflüchtet und hatte auf alle Thronrechte verzichtet. 1923 war ihm offiziell die Rückkehr nach Deutschland erlaubt worden. Er lebte meist im schlesischen Schloß Oels, aber auch in Potsdam in dem 1913/17 im Stil britischer Herrensitze gebauten Schloß Cecilienhof im Neuen Garten. 1931 knüpfte er Beziehungen zu Hitler, bekannte sich vor der Reichspräsidentenwahl 1932 zu ihm und hoffte auf eine Wiedererrichtung der Monarchie mit Hilfe der NSDAP. Der zweite Sohn von Wilhelm II., Prinz Eitel Friedrich (1883–1942), Generalmajor a.d., war wie Prinz Oskar (1888–1958), der 5. Sohn, Oberst a. D., in den Stahlhelm eingetreten. Der 4. Sohn, Prinz August Wilhelm (1887–1949), Oberst a.D. des 1. Garderegiments zu Fuß, hatte es nach seinem Eintritt in die NSDAP zum Abgeordneten im preußischen Landtag, zum »Reichsredner« und zum SA-Oberführer gebracht. »Auwi«, wie er in der Öffentlichkeit oft genannt wurde, war Dr. rer. pol. und ein unermüdlicher Propagandist für den Nationalsozialismus. Bei einem Wahlappell in Braunschweig am 4. März 1933 verkündete er:»Adolf Hitler ist ein Beispiel für den deutschen Kämpfer, und die Bewegung trägt die Merkmale, die das deutsche Volk der Vorkriegszeit so ausgezeichnet haben: Disziplin, Verantwortungsgefühl und Einsatzbereitschaft jedes einzelnen. Mit der marxistischen Wirtschaft ist es jetzt vorbei, vorbei aber auch mit der Objektivität und der Sentimentalität. Die Brandfackel des Reichstagsgebäudes

Prinz August Wilhelm am 21. März 1933
in SA-Uniform (2. von rechts)

hat sich der Kommunismus an seinen eigenen Scheiterhaufen gelegt.«

Ein Grundpfeiler der Hoffnungen der Monarchisten war der 85jährige Reichspräsident Paul von Beneckendorff und von Hindenburg (1847–1934), verkürzend oft nur von Hindenburg genannt. In den Kriegen von 1866, 1870/71 und 1914/18 hatte er Meriten erworben, vor allem im August 1914 durch den Sieg in der Schlacht von Tannenberg über russische Truppen. Der kaiserliche Generalfeldmarschall wurde als Nationalheld gepriesen, konnte dennoch die Niederlage 1918 nicht abwenden. 1925 zum Reichspräsidenten gewählt, wurde er 1932 wieder bestätigt. Der Stahlhelm ernannte ihn zum Ehrenmitglied. Obwohl Hindenburg das höchste Staatsamt der Weimarer Republik bekleidete, fühlte er sich eng mit den Hohenzollern verbunden. Von Hitler hatte der Feldmarschall keine besonders gute Meinung, nannte ihn den »böhmischen Gefreiten«, folgte aber den Ratschlägen seines Sohnes Oskar, der Adjutant bei ihm war, und anderer enger Vertrauter bei allen Schritten, die 1933 dem Abbau der Demokratie nutzten.

In dieser Anfangsphase des Dritten Reiches war die Haltung der hohen Militärs, der Ministerialbürokratie, der Industriellen, der Großgrundbesitzer und der Leitungen beider christlicher Konfessionen von großer Bedeutung. Aus der Sicht der Öffentlichkeit war bestimmend, daß sie den Regierungskurs befürworteten. Von Sorgen und Skrupeln einer Reihe von Personen dieser Kreise wußten in der Regel nur ihre Vertrauten. So schrieb der Diplomat Ernst von Weizsäcker (1882–1951) in einem Brief an seine Mutter, es gäbe Entscheidungen, die ans Gewissen gingen. Trotzdem meinte er, man müsse dem Regime »alle Hilfe und Erfahrung angedeihen lassen«.

Letzte Vorbereitungen zum »Tag von Potsdam«

Im Lande gab es genügend spektakuläre Ereignisse, über die allerdings in der Regel nur die örtliche Presse kurz berichtete. Am 9. März hatte ein SA-Kommando aus eigenem Entschluß die Berliner Börse besetzt und wurde nach zwei Stunden von der Oberführung Berlin-Brandenburg zurückgepfiffen. Am 13. März stürmten SA-Männer in Guben das Gewerkschaftshaus, plünderten die Kassen und verbrannten erbeutete rote und schwarz-rot-goldene Fahnen auf der Straße. In Berlinchen (Neumark) trat am 15. März bei einer Kundgebung auf dem Marktplatz vor der Front der SA, SS und des Stahlhelms eine Fahnengruppe der KPD an, die die rote Fahne mit Spiritus tränkten und anzündeten. In Landsberg an der Warthe gab es am 17. März eine Kundgebung der SA und SS, bei der Musikinstrumente einer KPD-Kapelle auf einem Amboß zerschlagen und dann zusammen mit einem Bild Lenins und 12 roten Fahnen auf einem Scheiterhaufen verbrannt wurden.

Minister Goebbels entwickelte nach der Wahlkampagne seine Pläne für den nächsten Propagandafeldzug weiter. Längst ging es nicht mehr allein um die Veranstaltungen am 21. März in Potsdam, sondern auch um die in Berlin und darüber hinaus in allen deutschen Städten und Gemeinden. Am 4. März, dem Tag vor der Reichstagswahl, hatte Goebbels das Programm unter das Motto »Tag der erwachenden Nation« gestellt. Bei der Inszenierung in Königsberg probierte er vieles aus, was dann am 21. März erneut über die Bühne ging. Über Rundfunk ging an 40 Millionen Hörer eine Rede Hitlers, die daran erinnerte, wie einst Feldmarschall Hindenburg Ostpreußen vom Feind befreite und Hitler als Soldat an der Westfront kämpfte – und wie sie nun heute Seite an Seite standen. Als Schluß der Übertragung wurde das Glockengeläut des Königsberger Doms eingespielt. Niemand erfuhr, daß die Kirche eine Direktübertragung aus dem Dom verboten hatte. Goebbels war so skrupellos, einfach eine Schallplatte im Sender einspielen zu lassen. Ihm ging es, wie er in seinem Geheimtagebuch notierte, um »feierliche Stille, Rührung und tiefste Ergriffenheit«. Dazu gehörte auch ein Umzug in Berlin durchs Brandenburger Tor und Freudenfeuer auf allen Bergen. Für den 21. März sollte dies alles noch überboten werden.

An den Absprachen über die letzten Vorbereitungen waren viele Institutionen beteiligt: das Büro des Reichspräsidenten, die Reichskanzlei, das Innen-, das Propaganda-, das Außen- und das Reichswehrministerium, die kommissarischen Minister von Preußen, der Regierungs- und der Polizeipräsident von Potsdam, der Wehrkreis III der Reichswehr, der Evangelische Oberkirchenrat und das Bischöfliche Ordinariat Berlin mit ihren nachgeordneten Stellen. Am 15. März legte eine Besprechung den genauen Ablauf fest. Dazu gehörte z.b. die Sitzordnung in der Garnisonkirche mit der Notiz, daß die Stühle für den Kanzler und den Reichstagspräsidenten im Altarraum »etwas schräg gestellt an die Minister- bzw. Länder-

Die Reichsregierung

beehrt sich

zu dem feierlichen Staatsakt

aus Anlaß der Eröffnung des Reichstags

in der Garnisonkirche zu Potsdam

am Dienstag, dem 21. März 1933

ergebenst einzuladen

Beginn 12 Uhr

Teilnehmer, die die Eröffnungsgottesdienste nicht besuchen, müssen die Plätze bis 11.45 Uhr eingenommen haben.
Im Behinderungsfalle wird um umgehende Rückgabe der anliegenden Einlaßkarte an das
Reichsministerium des Innern, Berlin NW 40, Platz der Republik 6, Zimmer 245, gebeten.

*Einladung der Reichsregierung für den Staatsakt
am 21. März 1933*

bank angenähert werden«. Auf der »Länderbank« sollten die
Minister der Landesregierungen sitzen. Die Einmarschwege
durch das Kirchenschiff, die Reihenfolge der Einnahme der
Plätze, das Musikprogramm, sogar die Verneigung des
Reichspräsidenten nach dem Salutschießen einer Reichs-
wehrbatterie – alles wurde exakt und auf Minuten genau geplant.

Am 17. März schrieb Goebbels in sein Tagebuch über den
Feiertag:»Der Rundfunk wird für ganz Deutschland eingeschaltet. Die Nation muß an diesem Tag teilnehmen. Ich arbeite das Projekt bis tief in die Nacht hinein in allen Einzelheiten durch ...« Am 18. hieß es:»Der Potsdamer Tag geht in
Ordnung. Er wird von nachhaltiger Wirkung sein.« Am 19.
März hielt er fest:»Ich orientiere mich in Potsdam an Ort und
Stelle, ob alle Vorbereitungen getroffen sind. Bei solchen
großen Staatsfeiern kommt es auf die kleinsten Kleinigkeiten
an.«

Selbst an scheinbar Nebensächlichkeiten wurde gefeilt. An
die Polizeidienststellen erging die Order, daß 1 500 Polizisten
zu Fuß am 21. März in Potsdam früh um 7.00 Uhr anzutreten
hätten. Ihr Einsatz war präzis vorherbestimmt. Auch die Spa-

34

lierbildung wurde mehrfach überprüft. Der Potsdamer Polizeipräsident forderte am 15. März in einem Zeitungsaufruf die nationalen Verbände, Studentenkorporationen und Schulen auf, sich unter Angabe der genauen Stellzahl beim Kommando der Schutzpolizei Potsdam, Jägerallee 23, bis zum 17. März 12.00 Uhr zu melden. Danach erfolgte schriftlich die Zuweisung der Stellplätze. Bis zu 25 000 Personen wurden auf vier Abschnitte aufgeteilt. Das erste Gebiet reichte von der Glienicker Brücke über die Berliner Straße bis zum Alten Markt und Am Kanal; das zweite umfaßte den Bassinplatz und die Kaiserstraße; das dritte war begrenzt vom Stadtkanal und dem Alten Markt, und das vierte sollte Sanssouci sein. Vorbereitet wurden die weiträumige Absperrung des Stadtkerns und große Verkehrsumleitungen. Im Abschnitt Alter

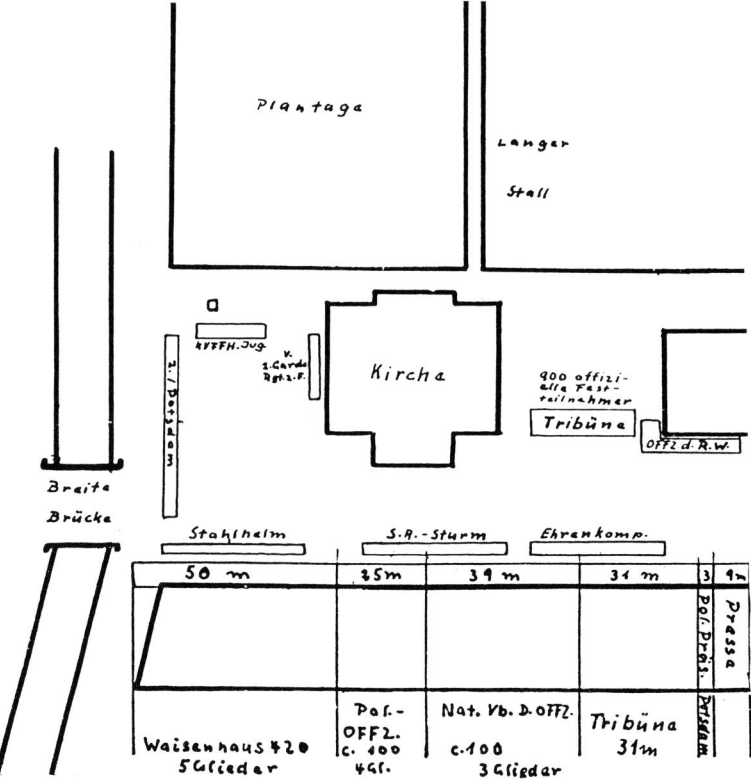

Aufmarschskizze zur Spalierbildung in einem Abschnitt (hier III.)
von Potsdam, 21. März 1933

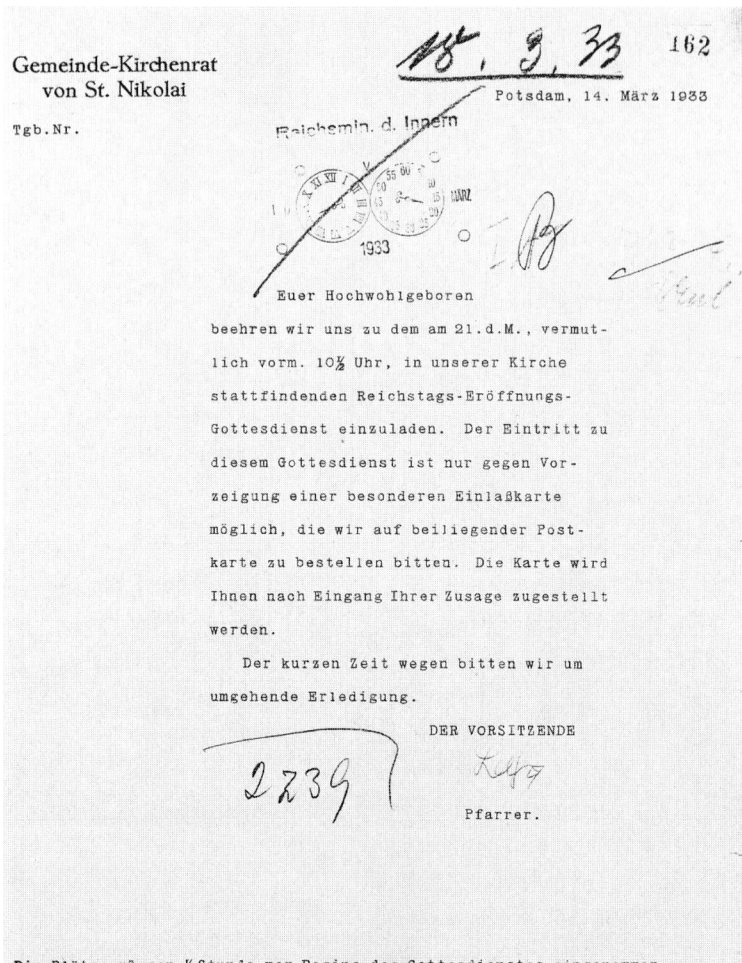

**Gemeinde-Kirchenrat
von St. Nikolai**

Tgb.Nr.

Potsdam, 14. März 1933

1933

Euer Hochwohlgeboren

beehren wir uns zu dem am 21.d.M., vermut-
lich vorm. 10½ Uhr, in unserer Kirche
stattfindenden Reichstags-Eröffnungs-
Gottesdienst einzuladen. Der Eintritt zu
diesem Gottesdienst ist nur gegen Vor-
zeigung einer besonderen Einlaßkarte
möglich, die wir auf beiliegender Postkarte zu bestellen bitten. Die Karte wird
Ihnen nach Eingang Ihrer Zusage zugestellt
werden.

Der kurzen Zeit wegen bitten wir um
umgehende Erledigung.

DER VORSITZENDE

Pfarrer.

Die Plätze müssen ¼ Stunde vor Beginn des Gottesdienstes eingenommen
sein. Die Plätze sind numeriert.

*Einladung zum Gottesdienst in der St. Nikolaikirche am 21. März,
unterzeichnet von Pfarrer Lahr*

Markt erhielten 50 Invaliden aus den Kriegen 1866, 1870/71
und 1914–18 bevorzugte Spalierplätze an der Rathaustrep-
pe. Außerdem gab es Zuweisungen an 100 Mitglieder des
Alldeutschen Verbandes/Ortsgruppe Potsdam in drei Gliedern, 250 Vertreter des Deutschen Offiziersbundes in sechs
Gliedern, 500 Männer des Kreiskriegervereins und 600 NS-
Amtswalter ebenfalls in sechs Gliedern. An den Türeingang

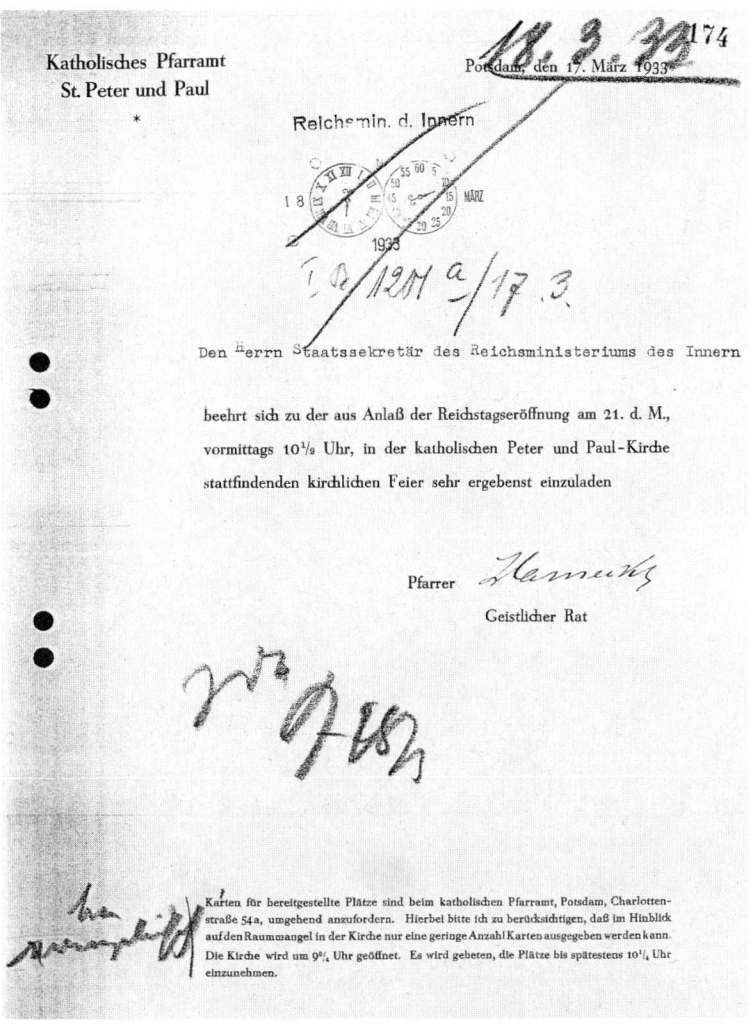

Einladung zum Gottesdienst in der katholischen Pfarrkirche
St. Peter und Paul am 21. März

des Pissoirs wurden 110 Mann in drei Gliedern von der Vereinigung ehemaliger Unteroffiziersschüler, vom Verein der Ministerien-Amtsmänner und vom Verein der Postbeamten gestellt. Für den Abschnitt I waren 11 144 Personen eingeplant, davon 3 271 Schüler aus Potsdam, der Umgebung und aus Berlin, 6 000 Mitglieder der DNVP und rund 150 NS-Amtswalter aus Hamburg. Für den Abschnitt II wurden weitere 5 370 eingeteilt; im Abschnitt III sollten nochmals 4 741 stehen, wobei die Formationen der Paradetruppen der Reichswehr noch nicht einbezogen waren. Erfaßt waren 2 400 SA-Männer in Neuner-Reihen, 400 Stahlhelmer in Vierer- oder Fünfer-Reihen, 200 SS-Männer in Dreier-Reihen. Hinzu kamen 105 Stellplätze für die Deutsche Studentenschaft, 80 für Veteranen vom 1. Garderegiment zu Fuß, 250 für Damen vom monarchistischen Königin-Luise-Bund und weitere 250 für den Deutschen Kampfring.

Ein Punkt unter den Festlegungen war auch, daß auf dem Turm der Garnisonkirche ein Polizeibeamter mit Leuchtpistole stehen sollte, der aus der Kirche über eine Sonderleitung die Nachricht bekam, wann er ein rotes Signal zum Beginn des Artillerie-Saluts schießen sollte.

In ganz Deutschland erhielten alle Schulkinder für den 21. März schulfrei. Die Behörden hatten Schließtag, damit die Beamten an den Festveranstaltungen teilnehmen konnten. Alles schien geregelt. Die Kabinettsrunde am 20. März in der Berliner Reichskanzlei war sich dessen bewußt und entschied nur noch, daß Minister ohne gleichzeitiges Abgeordnetenmandat an der 1. Arbeitssitzung des Parlaments in der Kroll-Oper nicht teilnehmen brauchten. So blieb als Hauptpunkt der Tagesordnung der Regierung ein Meinungsaustausch über das Ermächtigungsgesetz, das seit dem 30. Januar schon mehrfach Gesprächsstoff gewesen war. Dieses Gesetz sollte die Brechstange sein, um die Reste der Weimarer Demokratie aus den Angeln zu heben. Es ging um die Generalvollmacht für die Hitler-Regierung, Gesetze ohne Beratung und Verabschiedung durch den Reichstag selbst zu beschließen. Dies bedeutete die Aufhebung der Trennung von Legislative und Exekutive und die Erniedrigung des Parlaments zum reinen Zustimmungsorgan.

Der Tag in Potsdam

Am 21. März waren seit den frühen Morgenstunden die Zu-fahrtsstraßen nach Potsdam, die Bahnhöfe und Dampferanle-gestellen belebt. Es war kalt. Regentropfen wechselten mit Schneeflocken. Ab 6.00 Uhr marschierten uniformierte Ko-lonnen in die Innenstadt ein. Feldgraue Kompanien der Reichswehr, Hundertschaften blaugekleideter Schutzpolizei, braune Formationen der SA und schwarze der SS sowie graue Marschblöcke des Stahlhelms zogen zu ihren Stellplät-zen. Ab 6.30 Uhr musizierten zwei Militärkapellen im Lustgar-ten. Der Rundfunksender Berlin übertrug dieses Platzkonzert bis 8.15 Uhr. Im Langen Stall, der als Pressezentrum einge-richtet war. begannen die ersten Journalisten mit der Durch-gabe von Berichten und Eindrücken an Redaktionen im In-und Ausland. Je 30 Telefonzellen zu beiden Seiten der Halle standen zur Verfügung. Verkäufer von Fähnchen und Zeitun-gen fanden auf den Straßen reißenden Absatz. Gegen 9.00 Uhr nahm das Gedränge der Menge um den Alten Markt be-drohliche Formen an. Berittene Polizisten bemühten sich, den Durchlaß für die Ehrengäste zu sichern. Eine Viertelstun-de später hatten rund 100 000 Männer, Frauen und Kinder jeden Fußbreit hinter den Absperrketten besetzt. Die Balko-ne und Fenster der Häuser waren dicht besetzt von Schau-lustigen. Immer wieder mußten Berittene und Verstärkungen zu Fuß an Stellen eingesetzt werden, wo die Lage ernst wurde.

Die ersten Opfer des Massenandrangs wurden von Sanitä-tern weggetragen oder geführt: eine ohnmächtige Frau, eine andere mit einer Fußverletzung und eine weitere mit einem Weinkrampf. Die Zeitungsreporter und die Kameramänner am Obelisken auf dem Alten Markt registrierten erfreut, daß ab 9.20 Uhr am Himmel die Sonne durchbrach.

Um 9.55 Uhr läuteten die Kirchenglocken. Entsprechend den protokollarischen Festlegungen fuhr ein Auto nach dem anderen, zumeist mit Berliner Kennzeichen, einige auch mit Stander, vor dem Portal der Nikolaikirche vor. Aus 25 Post-omnibussen stiegen die Reichstagsabgeordneten der verschiedenen Fraktionen aus. Die SPD-Fraktion war geschlossen dem Festakt in Potsdam ferngeblieben. Die Abgeordneten der NSDAP hatten alle das Braunhemd angezogen. Pünktlich um 10.25 Uhr hielt der große Wagen des Reichspräsidenten an den Stufen vor dem Kirchenportal. Der greise Feldmarschall in ordensgeschmückter Uniform und Marschallstab wurde empfangen vom Generalsuperintendenten Dibelius und zwei Geistlichen der Nikolaikirche. Ein Mädchen, die Tochter von Pfarrer Friedrich Lahr, überreichte einen Blumenstrauß. Würdevoll betrat Hindenburg die Kirche und ging den Mittelgang entlang bis zu dem für ihn bereitgestellten Sessel. Den Altar schmückten viele gelbe Forsythienzweige. Zehn Kerzen flackerten. Dunkle Girlanden und Tannengrün waren von Pfeiler zu Pfeiler gezogen. Alle Plätze waren besetzt. In der ersten Reihe saßen die Minister Dr. Frick, Göring, Hugenberg, Seldte, von Neurath und von Blomberg. Orgelspiel und Gesang des Liturgischen Chores eröffneten den evangelischen Gottesdienst. Dann bestieg der Generalsuperintendent die Kanzel. Er predigte über den Bibelvers 31 aus Römer 8:»Ist Gott für uns, wer mag wider uns sein?« Dibelius hatte sich bewußt für diesen Spruch entschieden, den Hofprediger Dr. Ernst von Dryander schon bei der Eröffnung des Reichstages am 4. August 1914 als Motto gewählt hatte. Dibelius erinnerte daran, daß an diesem Tag das deutsche Volk zu Beginn des Ersten Weltkrieges einen »Aufschwung des vaterländischen Gefühls« erlebte, »eine heiße Bereitschaft, das eigene Leben zu opfern«. Er meinte, der heutige Tag sei jenem ähnlich, und doch anders. Ein neuer Wille zum eigenen Staat und eine neue Bereitschaft würden wachsen, doch noch gäbe es kein einiges Volk. Dibelius beschwor: »Deutsche Zukunft ist nur möglich im Glauben an Gott!« (Dok. 52). Dibelius hat später in seinen Erinnerungen beschrieben, daß er während seiner Rede spürte, wie ihm aus den Reihen der Braununiformierten in der Kirche Vorbehalte und Feindseligkeiten entgegenschlugen. Der Gottesdienst, ursprünglich auf 60 Minuten veranschlagt, dauerte 40 Minuten. Hitler hatte eine Kürzung auf 50, später auf 40 und zuletzt auf 25 Minuten gefordert. Dies hatten die Geistlichen verweigert; es blieb bei 40 Minuten, die genau eingehalten wurden.

Zeitgleich mit dem evangelischen war auch der Beginn des katholischen Gottesdienstes in der Stadtpfarrkirche St.- Peter-und-Paul angesetzt. Hier hatten viele Menschen auf die Teilnahme von Hitler und Goebbels gewartet, die katholisch getauft waren. Zu ihrem Fehlen gaben sie später eine Presseerklärung ab (Dok. 54). Als prominenteste Gäste wurden am Eingang Vizekanzler von Papen und der päpstliche Nuntius, Kardinal Cesare Orsenigo, der Doyen des Diplomatischen Korps, begrüßt und zu ihren Ehrensitzen geleitet. Der Kirchenfürst hatte einen tief violetten Sessel unmittelbar am Altar. Hitlers grüner Stuhl blieb leer. An der Spitze der 73 Abgeordneten der Zentrumspartei kam Dr. Brüning. Es folgten 19 Mitglieder der Fraktion der Bayrischen Volkspartei und zwei Abgeordnete des Bayrischen Bauernbundes, die im rechten Mittelschiff Platz nahmen. Sieben Deutschnationale gingen zur linken Seite. Dann traf eine braune Welle ein: die Fraktion der NSDAP mit 60 katholischen Abgeordneten und 15 österreichischen Abgesandten. Der bayrische Ministerpräsident, der Staatskommissar für Bayern, Reichsführer SS Heinrich Himmler, dazu drei Vertreter der Reichsleitung der NSDAP – alle im Braunhemd. Sie füllten das linke Mittelschiff.

Der wegen der Fastenzeit violett verhüllte Hochaltar war von einem Wald von Lorbeer umgeben. Bronzene Empireleuchter mit brennenden Kerzen, wertvolle Teppiche, Girlanden und frisches Tannengrün gehörten zur Innenausstattung. Das feierliche Leviten-Hochamt zelebrierte der Berliner Domkapitular Dr. Georg Banasch (1888 – 1960), assistiert von zwei Potsdamer Kaplänen. Von einer eigentlichen Festandacht war aus Zeitmangel abgesehen worden. 12 Chorknaben schwangen Weihrauchgefäße. Orgelmusik und Wechselgesänge zwischen den Geistlichen, der Gemeinde und dem Chor führten zum Schluß. Dr. Banasch stimmte das »Veni creator spiritus« (Komm Schöpfer heiliger Geist) an und rief danach den göttlichen Segen auf die »Leiter des neuen Staates« herab.

Nach dem päpstlichen Nuntius, dem Vizekanzler und weiteren Ehrengästen zogen die Abgeordneten in der Reihenfolge ihrer Fraktionsstärke aus der Kirche. Vom Bassinplatz klang ein von einer Militärkapelle gespielter Präsentiermarsch herüber. Ein Spruchband »Deutsche seid nicht feige« war quer über die Straße gespannt. Die Schar der Gäste legte die rund 500 Meter lange Strecke zwischen St.-Peter-und-Paul bis zu St. Nikolai zu Fuß zurück. Hier wurden sie von den Teilnehmern des evangelischen Gottesdienstes schon erwartet. Von 11.30 bis 11.50 läuteten die Glocken aller Potsdamer Kirchen. Beide Kolonnen gingen gemeinsam durch das Spalier der Massen über die Schloß- und die Breite Straße zur Garnisonkirche, wo sie ab 11.45 Uhr die Plätze einnahmen.

Unterdessen hatte der Reichspräsident ab 11.10 Uhr mit seinen beiden Adjutanten, einer Eskorte und geführt von einem Polizeimotorradfahrer mit weißer Flagge, eine Rundfahrt durch Potsdam, durch die Große Mittelallee des Parks von Sanssouci bis hinter das Neue Palais, zurück über die Maulbeerallee an Schloß Sanssouci vorbei bis zur Garnisonkirche gemacht. Etwa 100 Meter vor der Kirche hielt der offene Wagen. Hindenburg wurde begrüßt und schritt in Begleitung des Reichswehrministers, des Befehlshabers der Marine und weiterer Offiziere die Front der Ehrenkompanie und anschließend Abteilungen der Schutzpolizei und der nationalen Verbände ab.

Hitler und Goebbels trafen um 11.30 Uhr in Potsdam ein. Der Kanzler ging an die Spitze des Zuges der Minister und Abgeordneten, trat neben von Papen. Goebbels marschierte unmittelbar hinter seinem Führer. Viele Menschen am Straßenrand waren über die ungewohnte Aufmachung der beiden verwundert: entgegen der großen Zahl der Braunhemden waren sie mit Zylinder, Mantel und Gehrock angetreten. So waren auch die anderen Reichsminister gekleidet. Die bürgerliche Kleidung war eines der Zugeständnisse Hitlers an diesem Tage, um als Reichskanzler einen »zivilen« Eindruck im In- und Ausland zu machen. Es war auch auffällig, daß er sich zurückhielt, Hindenburg überaus devot mit tie-

fer Verbeugung begrüßte und dem Reichspräsidenten in Potsdam die Hauptrolle überließ.

Inzwischen hatte sich die Zahl der Menschen in der Potsdamer Innenstadt auf etwa 300 000 erhöht. Wie es das Protokoll vorschrieb, vollzog sich der Einmarsch in die Garnisonkirche. Die Sitzordnung war genau vorgezeichnet. Hindenburg saß direkt gegenüber dem Altar, schräg rechts von ihm der Kanzler und schräg links Reichstagspräsident Göring. Auf den ersten zwei Reihen der rechten Seite des Altarraums hatten die Reichsminister, der Chef der Heeresleitung, der Chef der Marineleitung und der Staatssekretär in der Reichskanzlei Platz genommen, dahinter die Staatssekretäre der Ministerien. Auf der linken Seite saßen die Ländervertreter.

Stark beachtet wurde der Auftritt des früheren Kronprinzen. Beim Zusammentreffen mit Hitler hatten es beide bei einer knappen Begrüßung belassen. Der Hohenzollernprinz vertrat an diesem Tage offiziell das ehemalige Herrscherhaus. Symbolisch waren in der Kirche die einst von seinem Vater und seiner Mutter benutzten Sessel freigeblieben. Hindenburg hatte mit dem kaiserlichen Marschallstab die Kaiserloge gegrüßt und danach sich verneigt. Von 11.50 Uhr leitete Prof. Otto Becker mit leisem Orgelspiel den Festakt ein. Auf dem alten Instrument hatte einst schon Johann Sebastian Bach musiziert. Mit dem Eintritt Hindenburgs waren die Akkorde mächtiger geworden – es erklang der Choral »Nun lob' mein Seel' den Herrn« aus dem 16. Jahrhundert, gesungen vom Staats- und Domchor. Lautlose Stille herrschte in der überfüllten Kirche, als dem Reichspräsidenten von seinem Staatssekretär und Chef der Präsidialkanzlei, Dr. Otto Meißner, das Manuskript der Begrüßungsansprache gereicht wurde. Hindenburg erhob sich aus dem roten Ehrensessel und verlas den Text (Dok. 57). Für die Menschen in der Potsdamer Innenstadt war die Rede über sieben Großlautsprecher zu hören. Millionen Deutsche lauschten der Direktübertragung des Rundfunks. Sie hörten die Mahnung des Reichspräsidenten an die Regierung und die Abgeordneten, die schweren und mannigfaltigen Aufgaben zu lösen. Er erinnerte daran, daß das alte Preußen »in Gottesfurcht durch pflichttreue Arbeit, nieverzagenden Mut und hingebende Vaterlandsliebe« groß wurde, und rief alle auf, frei »von Eigensucht und Parteizank« zum Segen des geeinten Deutschlands zu wirken.

Dann trat Hitler an das im Alterraum vor ihm aufgestellte alte vergoldete Lesepult, wartete einige Minuten schweigend, um die Aufmerksamkeit noch mehr zu schüren und trug dann seine Regierungserklärung vor (Dok. 58). Zu Beginn beschrieb er die Lage Deutschlands bei seinem Amtsantritt in den schwärzesten Farben. Seine Bilanz hieß: »Die Wirtschaft verödet, die Finanzen sind zerrüttet, Millionen sind ohne Arbeit.« Als Ursache für den Niedergang nannte er die innere Uneinigkeit des Volkes und die Entwürdigung der Traditionen. Damit präsentierte er zwar nicht die Hauptursachen, nutzte aber die Chance, an den in seiner Rede genannten Beispielen die Ziele der NSDAP zu erläutern. Demagogisch beschwor Hitler die Absicht, »die Einheit des Geistes und des Willens der deutschen Nation« wiederherzustellen, das »Volkstum« zu wahren, die Volksgemeinschaft zu errichten usw. Es war eine schwülstige Werbung zur Unterstützung seiner Politik, jedoch kein konkretes Regierungsprogramm. Minutenlang lobte er Hindenburg als »Schirmherr« der neuen Erhebung des Volkes und dankte ihm. Die Anwesenden standen auf und bekundeten so während der letzten Sätze des Kanzlers ihre Zustimmung.

Orgelspiel – die Motette von Johannes Brahms – mit einem machtvollen »Amen« am Schluß, danach einige Sekunden Stille. Zwei Pfarrer geleiteten den greisen Reichspräsidenten zu der hinter dem Altar gelegenen Gruft. Die beiden Adjutanten Hindenburgs folgten mit zwei Kränzen, die während des Staatsaktes auf den Altarstufen lagen. In der Gruft wurden sie nacheinander dem Präsidenten gereicht, der sie an den Särgen der Könige Friedrich Wilhelm I. und Friedrich II. niederlegte. Prof. Becker spielte auf der Orgel »Wir treten zum Beten«, alle Anwesenden in der Kirche waren erneut aufgestanden. Während Hindenburg noch kurz in der Gruft verweilte, begann eine Batterie mit dem Abfeuern von 21 Schuß Salut.

Bei der Rückkehr des Reichspräsidenten aus der Gruft in das Mittelschiff waren die Orgelakkorde immer stärker geworden. Zum Abschied verbeugte sich Hindenburg nach recht und links. Sein Abgang in die Taufkapelle war das Zeichen für den Auszug aller übrigen Teilnehmer der Feierstunde. Etwa 900 nahmen ihre Plätze auf einer Tribüne neben der Garnisonkirche ein. Zu ihnen gehörten die Reichsminister, das Diplomatische Korps und die Reichstagsabgeordneten. Andere Gäste, z.B. die ausländischen Militärattachés, stellten sich im frei gehaltenen Raum vor der Kirche auf.

Kurz nach 13.00 Uhr kam Hindenburg aus einem Seitenportal und ging mit seinen militärischen Begleitern zu einem Holzpodest vor der Tribüne. Nochmals erwies der Generalfeldmarschall a.D. mit dem Marschallstab dem ehemaligen

Kronprinzen, den zahlreichen Generälen der kaiserlichen Armee und den anderen Ehrengästen seinen Gruß. Marschmusik kündigte den Beginn der Parade an. Den Anfang der Truppen bildete eine Ehrenkompanie, ihr folgte ein Fahnenblock. Am Vorbeimarsch nahmen drei Bataillone des Infanterieregiments 9, die in der Garnison Potsdam stehenden Teile des Reiter-Regiments 4, die IV. Reitende Abteilung des Artillerie-Regiments 3, die Nachrichten-Abteilung 3 und die Salutbatterie teil. Jede neue Truppenformation wurde von den Massen mit Jubel empfangen. Nach der Reichswehr kamen Abteilungen der Schutzpolizei, dann unter Hakenkreuzfahnen Abordnungen der SA und SS sowie der Block des Stahlhelms mit schwarz-weiß-roten Fahnen und zwei Hohenzollernprinzen im ersten Glied.

Es sollte eine bewußte Demonstration der Geschlossenheit und der Stärke sein. Viele Beteiligte und die Mehrheit der Zuschauer nahmen dies auch so auf (Dok. 60). Einige registrierten kleine Pannen: z.b. die unkorrekte Schwenkung einer Infanterie-Einheit; das gefährliche Gedränge der Menschenmassen, durch das Hitler seinen Zylinder verlor und das an anderer Stelle für Hindenburg so bedrohlich wurde, daß mehrere kaiserliche Generäle sich Durchgebrochenen als »Auffanglinie« entgegenstellten, bis Polizisten, SA-Männer und einige einsatzbereite Zivilisten ihnen zur Hilfe eilten. Dies geschah unmittelbar vor der Rückfahrt des Reichspräsidenten in seinem offenen blauen Mercedes nach Berlin.

Es sei vorweggenommen, daß der Abschußbericht des Polizeipräsidiums Potsdam über den Ablauf des 21. März als Vorfälle lediglich drei kleine Taschendiebstähle am Rande erwähnte, jedoch keine einzige Festnahme, und lobend wurde bemerkt, daß auf den Festzug und bei der Fahrt des Reichspräsidenten keine Blumensträuße geworfen wurden. Angedeutet wurden lediglich die Schwierigkeiten – so wörtlich –, die entstanden, als der Kanzler seinen Weg von der Nikolai- zur Garnisonkirche antrat. Gegenüber dieser beschönigenden Einschätzung meldete nur die »Germania«, die in Berlin erscheinende katholische Tageszeitung der Zentrumspartei, am 22. März, daß es in Potsdam beim Sturm der Massen auf die

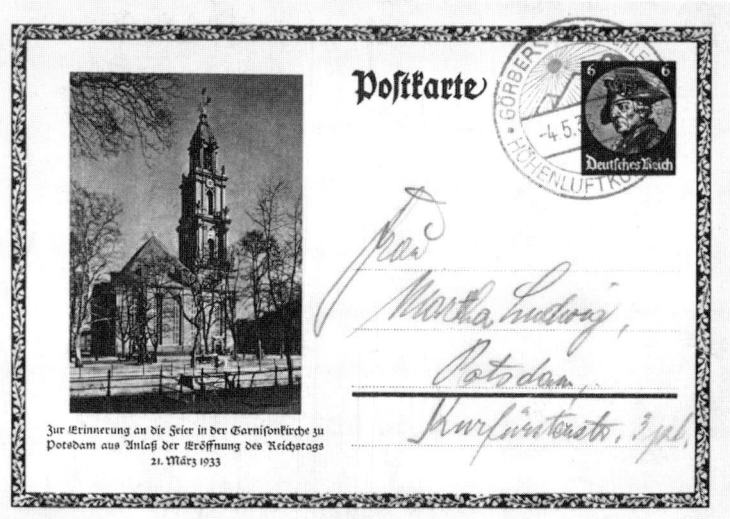

Zur Erinnerung an die Feier in der Garnisonkirche zu
Potsdam aus Anlaß der Eröffnung des Reichstags
21. März 1933

Postkarte zur Erinnerung an den Staatsakt
am 21. März 1933

Absperrungsketten insgesamt 250 Verletzungen leichterer
Art gab. Es traf zumeist Frauen. Viele Kinder gingen im Wirrwarr verloren. In Potsdam kam ein Polizist ums Leben (Dok.
63). Die näheren Umstände sind bis heute nicht geklärt.

Ab 14.00 Uhr fuhr ein großer Teil der auswärtigen Besu-
cher wieder ab. Die S-Bahn war im Zehn-Minuten-Takt im
Einsatz. Außerdem waren Sonderzüge der Eisenbahn zur
Entlastung aufgeboten. Ein dichter Strom von Autos und
Bussen brachte vor allem die prominenten Gäste aus Politik,
Wirtschaft und Kultur zurück in die Hauptstadt.

In Potsdam wurde nach dem Festakt und der Parade der
an der Ausfahrtstraße nach Geltow gelegene Luftschiffhafen
zum Mittelpunkt weiterer Veranstaltungen. Kurzfristig war
noch das einige Tage zuvor von der »Potsdamer Tageszeitung« für den 21. März veröffentlichte Programm in einigen
Punkten verändert worden. Einfach gestrichen wurde der
Einsatz eines Fluggeschwaders über dem Lustgarten. Hier
war auch ein Militärkonzert mit zwei Kapellen für den Nachmittag vorgesehen. Stattdessen eröffneten nun um 18.00
Uhr drei Kapellen Potsdamer Regimenter ein Konzert im Luft-

SA-Kolonne am 21. März in Potsdam Am Kanal

schiffhafen. Danach zogen die Gliederungen und Verbände der NSDAP in voller Stärke in das Stadion. Jetzt wollten sie hier sich gebührend in Szene setzen, nachdem sie beim Vorbeimarsch am Reichspräsidenten nur mit begrenzten Abordnungen teilnehmen durften. Im Stadion trat Propagandaminister Goebbels als Hauptredner auf. Auch er fühlte sich offenbar an diesem Tag bis dahin noch nicht genügend im Blickpunkt. Die Kundgebung ging weiter mit einem Zapfenstreich und endete um 20.00 Uhr mit einem großen Feuerwerk. Dann setzte sich ein Fackelzug in Bewegung, der nach kilometerlangem Marsch am Bassinplatz in der Innenstadt zum Abschluß kam. Ein weiteres propagandistisches Teilziel war erreicht: der gemeinsame Auftritt von SA und SS, Reichswehr, Polizei und Stahlhelm von Stunden zuvor, Geschlossenheit und Stärke demonstrierend, wurde wiederholt, doch diesmal unter dem Vorzeichen der Dominanz der NS-Bewegung.

Die Propagandawelle über Deutschland

Der »Tag von Potsdam« wurde in analoger Programmabfolge in fast allen deutschen Städten und in einer Vielzahl von Gemeinden begangen. In den Garnisonen gab es Platzkonzerte und Paraden. In anderen Städten fanden in der Regel Kundgebungen, Umzüge und oftmals ein Feuerwerk statt. Angestrebt von der Berliner Regiezentrale war stets die Beteiligung aller konservativen und nationalsozialistischen Organisationen und eine bewußte Einflußnahme auf möglichst große Teile der Bevölkerung. Die Beihilfe von hohen Militärs, Vertretern der Kirchen und jeder Art Prominenz war willkommen. Um eine einheitliche Propagandawirkung zu erreichen, sollte für alle Teile des Reiches die Rundfunkübertragung der Veranstaltungen in Potsdam und Berlin organisiert werden.

Pannen blieben trotz der emsigen Vorbereitungen nicht aus. Überaus peinlich war, daß am frühen Morgen des 21. März in Berlin die Reichstagsabgeordneten des Zentrums vor dem Einstieg in die Sonderomnibusse nach Potsdam von einem Kriminalbeamten nach Waffen durchsucht wurden. Auf Anfrage erklärte sofort das Preußische Innenministerium, einen Auftrag zu dieser Kontrolle nicht erteilt zu haben. Aber solche Leibesvisitationen erlebten die Pressevertreter auch beim Betreten der Kroll-Oper in Berlin an diesem Tag vor Beginn der ersten Arbeitssitzung des neuen Reichstages. Die NS-Führungsspitze berührte dies wenig, sie interessierte nur, wenn die Rundfunkübertragungen in manchen Städten nicht so liefen, wie sie es wünschten.

In Berlin wurden am 21. März die wichtigsten Veranstaltungen in Potsdam durch Großlautsprecher auf acht Plätzen übertragen. Gleichzeitig gab es in der Hauptstadt eine Reihe eigener Veranstaltungen: um 8.00 Uhr einen Festgottesdienst der Schutzpolizei im Lustgarten, ab 9.00 Uhr einen Vorbeimarsch von Polizei und Hilfspolizei, um 11.30 Uhr einen Feldgottesdienst für rund 1 400 Soldaten des Standortes Berlin (Wachtruppe, Fahrabteilung 3, Feuerwerkerlehrgänge) im Innenhof des Schlosses, danach während der Aufstellung der Reichswehr-Einheiten auf der Schloßfreiheit begann um 12.45 Uhr der Ehrensalut der 9. Batterie des Artillerieregiments 5 mit 21 Schüssen und schließlich ein Parademarsch bis zum Brandenburger Tor. Wie in Potsdam waren auch hier Abordnungen der SA, der SS und des Stahlhelms beteiligt.

Die um 17.00 Uhr in der Kroll-Oper eröffnete erste Arbeitssitzung des neuen Reichstages erledigte ihre Tagesordnung im Schnellverfahren. Es war ein deutliches Signal, wie die künftige Rolle des »Parlaments« beschaffen sein sollte. Die Berliner Funkstunde war für die Direktübertragung verantwortlich. Fünf aus dem brennenden Reichstagsgebäude gerettete Stühle waren demonstrativ vor die Regierungsbank gestellt worden. Ein großes Hakenkreuz kündete von der neuen Macht. Hitler hatte in SA-Uniform in den Reihen der NSDAP Platz genommen, sein Auftritt im lästigen Gehrock war nun Vergangenheit, aber er ordnete sich in die Tradition ein, daß die Regierung in den Geschäftsgang bei der ersten Parlamentssitzung nicht eingriff. Der ehemalige Kronprinz Wilhelm in Husarenuniform saß in der Diplomatenloge neben dem polnischen Gesandten. Als er Prinz August Wilhelm im Saal unter den Abgeordneten der NSDAP bemerkte, winkte er ihm leutselig zu.

Ein Antrag der SPD-Fraktion auf Freilassung ihrer 12 inhaftierten Abgeordneten wurde ohne Debatte auf Vorschlag von Innenminister Frick an den Geschäftsordnungsausschuß überwiesen und war damit »erledigt«. In der Schlußrede des Reichstagspräsidenten wurde der SPD erneut vorgeworfen, die Weimarer Republik hätte nur 14 Jahre der Not, der Schande und der Ehrlosigkeit gebracht. Beim letzten Punkt der Tagesordnung konnte die Fraktion der SPD jedoch nicht mehr kontern. Am Ende erklärte Göring mit großem Pathos: »In wenigen Wochen hat die heilige Flamme der nationalen Revolution das deutsche Volk ergriffen ... Wir danken deshalb an dieser Stelle dem Mann, der vor vierzehn Jahren es unternommen hat, mitten im Zusammenbruch, im Chaos und in schwärzester Nacht den Glauben neu aufzurichten an ein kommendes Reich, den Glauben und die Hoffnung, daß Deutschland doch nicht verloren sein kann, solange noch ein

Mann der Tat selbst an die Zukunft glaubt.« Er beteuerte: »Wir sind zurückgegangen nach Potsdam und haben damit bewiesen, daß der Geist von Potsdam in Zukunft auch uns erfüllen soll. Dieser Geist hat nichts zu tun mit Kasernenhofton, sondern er bedeutet Pflicht, Disziplin und Sauberkeit.« Doch hier wie bei allen anderen Gelegenheiten, wenn die Naziführer den »Geist von Potsdam« für sich in Anspruch nahmen, geschah dies als Mißbrauch. Hitler, Goebbels, Göring und alle anderen sahen in den preußischen Tugenden nur Normen, die für ihre Untertanen galten.

Am Tag zuvor hatten die Reichsminister lange über den Text des Ermächtigungsgesetzes beraten. Am 21. März lag der Entwurf als Drucksache Nr. 6, eingebracht von den Regierungsparteien, dem Haus vor. Die erste und zweite Beratung über das »Gesetz zur Behebung der Not von Volk und Regierung« wurde für Donnerstag, den 23. März um 14.00 Uhr anberaumt. Mit zwei zusätzlichen Verordnungen des Reichspräsidenten wurde schon am 21. März der Naziterror weiter forciert: hinter der mit dem demagogischen Namen »Zur Abwehr heimtückischer Angriffe gegen die Regierung der nationalen Erhebung« stand die Verhängung härterer Urteile bis hin zur Todesstrafe gegen »Aufruhr«, begangen in der Uniform eines nationalen Verbandes. Weiterhin enthielt sie die Drohung, daß »unwahre« Behauptungen oder Entstellungen der Regierungspolitik mit einer Gefängnisstrafe bis zu zwei Jahren, gegebenenfalls auch mit Zuchthaus, geahndet würden. Eine weitere Verordnung wies die Bildung von Sondergerichten bei jedem Oberlandesgericht an. Ohne gerichtliche Voruntersuchung sollten durch sie politische »Täter« verurteilt werden. Es hieß ausdrücklich, daß gegen Entscheidungen der Sondergerichte keine Rechtsmittel eingelegt werden könnten. Jede Überprüfung ihrer Urteile war damit ausgeschlossen, Zeugen brauchten nicht gehört zu werden. Nunmehr konnte jeder »juristisch« verfolgt werden, der in irgendeiner Form Kritik an der Regierung oder an der NSDAP übte. Eine dritte Verordnung war eine Amnestie für die Nazis, die vor 1933 als politische Straftäter verurteilt worden waren.

Um 19.00 Uhr begann in der Staatsoper Unter den Linden die Festvorstellung von Richard Wagners »Die Meistersinger von Nürnberg«. In der Pause zum 3. Akt erschienen die Reichsminister in der Ehrenloge im 1. Rang. Hitler und Frick waren seit Beginn der Aufführung dabei. Die 1868 komponierten Schlußklänge »Ehrt eure deutschen Meister ...« gingen in den starken Beifall der Besucher über. Alle drängten schnell auf die Straße, denn zeitlich genau abgestimmt mit dem Ende der Oper näherte sich der große Fackelzug, angeführt von der SA-Kapelle Fuhsel. 10 000 Teilnehmer waren gegen 19.30 Uhr von der Lindenstraße in Kreuzberg über den Hausvogteiplatz, die Oberwallstraße dann in Höhe des Zeughauses in Richtung Staatsoper – Brandenburger Tor marschiert. Im Fackelzug fielen die Studenten in den Uniformen ihrer Korporationen besonders auf. Zu Stauungen kam es am Gebäude des preußischen Innenministeriums, als Göring vom Balkon eine kurze Ansprache hielt. Über den Potsdamer Platz ging der Marsch weiter durch die Potsdamer- und Kurfürsten-Straße bis zum Wittenbergplatz, wo eine Motorspritze der Feuerwehr das Löschen der Fackeln besorgte.

Mehrere Hunderttausende säumten die Straßenränder. Neugierige hatten Laternenpfähle, Bäume und waghalsig sogar Hausvorsprünge erklommen. Mehrfach wurden Polizeiketten durchbrochen. Auch in Berlin forderte das Gedränge der Massen Opfer: der Polizeibericht vom 22. März meldete einen Toten (Herzschlag) und 100 Ohnmachtsanfälle. In der Hauptstadt wurden in der Zeit vom 20. bis 22. März 114 Personen verhaftet; davon hatten 20 illegale Druckschriften hergestellt bzw. vertrieben, weiteren 20 wurde die Teilnahme an verbotenen Versammlungen zur Last gelegt und 11 wurden wegen Beleidigung der Regierung angeklagt.

Die Propagandawelle des 21. März setzte sich noch lange Zeit später in Rundfunk, Presse, Schrifttum und Wochenschau fort. Der Propagandaminister ordnete an, daß die ersten Takte des Stundenliedes »Üb immer Treu und Redlichkeit« vom Glockenspiel der Garnisonkirche als neues Pausenzeichen des Deutschlandsenders und des Deutschen

Kurzwellensenders zum Einsatz kamen. Es gab einen Sonderstempel der Reichspost und verschiedene Erinnerungspostkarten. Zwei waren Montagen verschiedener Bilder von Friedrich II., Bismarck, Hindenburg und Hitler, dazu bei beiden die Unterschrift –»Was der König eroberte, der Fürst formte, der Feldmarschall verteidigte, rettete und einigte der Soldat«. Dieser Traditionsspruch wurde auf die verschiedenste Art und Weise variiert. Es reichte hin bis zum Nazikitsch. Mehr und mehr wurde der Markt mit hakenkreuzverzierten Aschenbechern, Fingerhüten, Kerzen, Krawatten, Manschettenknöpfen, Ringen, Hitler auf Abziehbildern und anderem überschwemmt. Selbst Goebbels hielt bald das Ausmaß dieser Welle für bedenklich und versuchte sie zu begrenzen.

Auch die Meinungsmanipulierung trieb seltsame Blüten. Herr Hans S. (der Name wurde gekürzt) aus Westdorf/ Aschersleben – Land zeigte dies beispielsweise in einem Brief vom 21. März an das Reichswehrministerium, als er schrieb:»Ich wende mich deshalb an die berufendste Stelle meines Vaterlandes, da das Reichswehrministerium für mich der Inbegriff der Macht, die Verkörperung des Wehrgeistes ist. Ich erblicke in ihm die Gralsburg der Nation, in deren heiligen Räumen das Höchste des Vaterlandes gesagt und gepflegt wird.« Eine von Fräulein Elisabeth K. (der Name wurde gekürzt) aus Neiße/Oberschlesien an Reichsinnenminister Dr. Frick eingereichte Hymne, gedacht zur Aufführung in der Garnisonkirche am 21. März, endete mit der dritten Strophe: »Weihe mit Segenshänden – Herzen und Lippen ein, Lasse Deutschlands Not sie wenden – Und lass Beginn und Enden – Dir, Herr Treueigen sein.«

Selbst ein hochgelobter Dichter der Nazizeit, Heinrich Anacker, seit 1922 NSDAP-Mitglied, reihte sich in die Stilblüten mit einer Folge von drei Gedichten zum»Tag von Potsdam«ein. Im ersten mit dem Titel»Aus Potsdam I«hieß ein Vers:»Da zuckt es heiß – durch jedes deutsche Herz – Empor die Hand, daß sie den Treuschwur leiste: 'Mit Hindenburg und Hitler sonnenwärts – In Potsdams zeitlos-jungem Heldengeiste'.«

Neben Euphorie, Gläubigkeit und Nationalismus zog als

eine der Leitlinien auch die Barbarei in das Denken und Handeln ein. Charakteristisch dafür war das von Hitlerjungen und SA-Männern häufig gesungene Marschlied:»Es zittern die morschen Knochen der Welt vor dem roten Krieg. Wir haben den Schrecken gebrochen, für uns war's ein großer Sieg. Wir werden weitermarschieren, wenn alles in Scherben fällt. Und heute gehört uns Deutschland – und morgen die ganze Welt ...« Hans Baumann hatte 1932 ursprünglich dieses Lied einer katholischen Jugendgruppe gewidmet, doch seine schnelle Verbreitung erlebte es in der Nazibewegung und brachte Baumann 1933 die Berufung in die Reichsjugendführung. Wenn einige Textstellen später auch leicht geändert wurden, die Aussage mit dem Machtanspruch blieb. Noch barbarischer war das in der SA oft gesungene Lied vom»Sturmsoldaten«: Wenn das Judenblut vom Messer spritzt, ei, da gehts noch mal so gut!« Bei den antisemitischen Ausschreitungen im März und bei dem von der NSDAP planmäßig organisierten Judenboykott vom 1. April 1933 wurde aus den Morddrohungen blutiger Ernst.

Ausblicke

Nach dem»Tag von Potsdam« im März 1933 existierte das Naziregime immerhin noch 12 Jahre und etwas mehr als einen Monat. Doch sein wahres Antlitz hinter der Maske zeigte sich mehr und mehr.

Am Nachmittag des 21. März hielt die Arbeitsgemeinschaft der monarchischen Bewegung eine außerordentliche Tagung ab. Ihre Mitgliedsorganisationen bekräftigten einmütig, sich»bewußt der Reichsregierung zur Verfügung zu stellen« und an der»nationalen Wiedererstarkung von Volk und Reich« mitzuarbeiten. In einer Verlautbarung der Berliner Zeitung»Der Tag« am 22. März 1933 hieß es:»Höchstes Ziel der monarchischen Bewegung bleibt die Wiederherstellung des Kaiserreiches unter Führung der Hohenzollern.« Während diese Gefolgsleute weiterhin ihre Hoffnungen bewahrten, äußerte sich Wilhelm II. in seinem holländischen Exil nach dem Erhalt eines begeisterten Telegramms über den »Tag von Potsdam« ablehnend. Mit dem Fuß stampfend, sagte er mit zornblitzenden Augen zu seinem Enkel Louis Ferdinand:»Diese Dummköpfe glauben, sie könnten vom Rokoko in die Epoche der Autos und Flugzeuge springen.« Der ehemalige Kronprinz dagegen leistete nicht nur in diesen Tagen Hitler noch weitere Unterstützungshilfe. So zeigte er sich bei der Verabschiedung des Ermächtigungsgesetzes am 23. März in der Kroll-Oper und sandte wenige Tage später einen viel beachteten Brief in die USA mit der Aufforderung, die dortige »Greuelpropaganda« gegen das Land, das zu »neuem Wohlstand, zu Frieden und frischer Kraft« zurückkehren wolle, zu stoppen.

Am 11. Februar 1934 erließ der Chef der Geheimen Staatspolizei ein Verbot für alle monarchistischen Vereinigungen. Ihr Vermögen und ihre Druckschriften wurden beschlagnahmt. Charakteristisch war, daß auch das Organ des Hohenzollernbundes mit dem Titel »Der Geist von Potsdam« davon betroffen war … Der Koalitionspartner der NSDAP erlebte einen zunehmenden Druck schon früher. Am 30. März 1933 schrieb der Reichstagsabgeordnete der DNVP Prof. Friedrich Lent seinem Fraktionsvorsitzenden:»Alle deutschnationalen Beamten werden entfernt, eine Verhaftungspsychose und eine ekelhafte Stickluft von Denunziationen greift um sich.« Im Juni 1933 wurde der Stahlhelm zwangsweise in die SA überführt, am 26. Juni schrieb Hugenberg sein Entlassungsgesuch an den Reichspräsidenten, und die DNVP löste sich selbst auf. In den Sog der Selbstauflösung ging am 28. Juni die Deutsche Staatspartei, es folgten das Zentrum, die Deutsche Volkspartei und die Bayrische Volkspartei. Am 22. Juni verbot der Reichsinnenminister die SPD. Das »Gesetz gegen die Neubildung von Parteien« vom 14. Juli 1933 setzte das I-Tüpfelchen auf den politischen Kahlschlag und ließ als einzige und damit alleinherrschende Partei in Deutschland nur noch die NSDAP zu.

Eine Reihe der am »Tag von Potsdam« mitwirkenden Personen bekamen die Tücken des Regimes zu spüren. Prälat Dr. Banasch, Hauptakteur in der katholischen Pfarrkirche in

Potsdam, wurde am 22. November 1935 in seinem Büro verhaftet und war bis zum 6. März 1936 im Hausgefängnis des Geheimen Staatspolizeiamtes in Berlin, Prinz-Albert-Straße 8, Zelle 15, eingekerkert. Generalsuperintendent Dr. Dr. Dibelius, der die Predigt in der evangelischen Nikolaikirche gehalten hatte, wurde wegen Unterstützung der Bekennenden Kirche von der Gestapo überwacht, am 30. Juli 1937 verhaftet und kam in Berlin-Moabit in die gleiche Zelle, in der vorher Ernst Thälmann gesessen hatte. Den Freispruch von Dibelius durch einen aufrichtigen Landgerichtsdirektor nahmen einige Naziführer wütend zur Kenntnis, drangsalierten den Richter bis zu dessen Nervenzusammenbruch und seinem baldigen Tod.

Prof. Becker, Organist der Garnisonkirche, machte wiederum andere Erfahrungen mit den Schattenseiten des Regimes. Er mußte erleben, daß ein übereifriger NS-Journalist ihm in einem »Interview« beim Orgelspiel am 21. März »helle Begeisterung« für die Feier unterstellte. Der wütende Becker dementierte auf einer Postkarte an einen guten Bekannten diese Behauptung, allerdings in seiner kaum lesbaren Handschrift, die der Zensur entging. Ihn verhaftete die Gestapo nach dem 20. Juli 1944.

1933 gab es im Infanterie-Regiment 9 mehrere jüngere Offiziere, die von den Ideen des Nationalsozialismus angetan waren. Henning von Tresckow, bei der Parade am »Tag von Potsdam« als Offizier dabei, war beeindruckt von der »Symbiose zweier Deutschland«. Zehn Jahre später gehörte er zu den führenden Köpfen der Verschwörung vom 20. Juli. Inzwischen Generalmajor und Chef des Stabes der Heeresgruppe Mitte, beging Tresckow einen Tag nach dem Scheitern des Attentats an der Front Selbstmord. Mit ihm hatten 23 zum Infanterie-Regiment 9 gehörende oder aus ihm kommende Offiziere und ein Feldwebel den Weg in den Widerstand gefunden. Kein anderes Regiment der Wehrmacht erreichte einen so hohen Anteil an Hitlergegnern.

Warnende Stimmen gab es schon im März 1933; jedoch noch nicht laut genug und sicher zu wenige. Der Widerstand von KPD, SPD und von Hitlergegnern anderer Herkunft reichte nicht aus, die weitere verhängnisvolle Entwicklung zu verstärktem Terror, erhöhter Meinungsbeeinflussung, zu Aufrüstung und Kriegskurs zu stoppen.

Lion Feuchtwanger (1884–1958) wurde im März 1933 mit 130 anderen Dichtern und Schriftstellern im Auftrag des Propagandaministeriums auf die »Schwarze Liste I (Schöne Literatur)« gesetzt. Mit ihm wurden u.a. verfolgt: Bertolt Brecht, Alfred Doeblin, Egon Erwin Kisch, Heinrich Mann, Erich Maria Remarque, Ludwig Renn, Anna Seghers, Kurt Tucholsky und Stefan Zweig. Feuchtwanger floh ins Ausland und schrieb gegen das Naziregime eine Artikelserie, deren erster Teil am 23. März 1933 in London im »Evening Standard« erschien. Er warnte vor der zunehmenden Judenverfolgung und kam zu der Feststellung, Deutschland habe seit dem Dreißigjährigen Krieg nicht mehr solche Barbarei erlebt.

Prof. Dr. Albert Einstein, seit 1921 Nobelpreisträger für Physik, erklärte im März 1933 vor Pressevertretern in New York: »Solange mir eine Möglichkeit offen steht, werde ich mich nur in einem Land aufhalten, in dem politische Freiheit, Toleranz und Gleichheit aller Bürger vor dem Gesetz herrschen. Zur persönlichen Freiheit gehört die Freiheit der mündlichen und schriftlichen Äußerung politischer Überzeugung, zur Toleranz die Achtung vor jeglicher Überzeugung eines Individuums. Diese Bedingungen sind gegenwärtig in Deutschland nicht erfüllt. Es werden dort diejenigen verfolgt, die sich um die Pflege internationaler Verständigung besonders verdient gemacht haben, darunter einige der führenden Künstler. ... Ich hoffe, daß in Deutschland bald gesunde Verhältnisse eintreten werden ...«

Bis diese Hoffnung in Erfüllung ging, vergingen noch viele schreckliche Jahre.

Dokumentation

Ende Januar 1933

(1) Aus dem Runderlaß von Bernhard Wilhelm von Bülow,
Staatssekretär des Auswärtigen Amtes, an die Leiter der
diplomatischen Vertretungen des Deutschen Reiches zur Beruhigung
des Auslandes angesichts des Amtsantrittes der Hitler-Regierung
am 30. Januar 1933

Gegenüber heute erfolgter Bildung Kabinetts Hitler bitte ich im Hinblick auf bisherige Auslandskommentare beruhigend einzuwirken. Zur Regelung Ihrer Sprache hinweise ich darauf, daß
1) neues Kabinett in bis jetzt vorliegender Zusammensetzung auch früher geäußertem Wunsch Reichspräsidenten entspricht, auf Boden Verfassung größte deutsche Partei zur Mitarbeit heranzuziehen, und daß daneben maßgebliche Beteiligung Deutschnationaler und Stahlhelms gelungen ist. Zur Zeit noch schwebende Verhandlungen mit Zentrum und Bayrischer Volkspartei wegen Beteiligung oder Tolerierung könnten sogar arbeitsfähige Mehrheit Reichstags ergeben.

2) eventuellen Bedenken wegen zukünftiger deutscher Außenpolitik am besten durch Hinweis auf bereits beiden letzten Kabinetten angehörenden Herrn Reichsaußenminister[1], den Vertrauen Reichspräsidenten wieder zur Fortführung Außenpolitik berufen, entgegenzutreten. Ebenso bieten Persönlichkeiten wie Reichsfinanzminister Graf Schwerin-Krosigk[2] für Weiterführung Finanz- und Währungspolitik und General von Blomberg[3], der als

---

1 Konstantin Freiherr von Neurath (1873–1956), Reichsaußenminister 1932–1938, Reichsminister ohne Geschäftsbereich 1938–1945 und 1939/41 Reichsprotektor für Böhmen und Mähren.

2 Lutz Graf Schwerin von Krosigk (1887–1977), Reichsminister der Finanzen 1932–1945, im Mai Außenminister der Regierung Dönitz.

3 Werner von Blomberg (1878–1946), 1933 Reichswehrminister und General der Infanterie, 1935/38 Reichskriegsminister, am 20.4.1936 zum ersten Generalfeldmarschall der Wehrmacht befördert. Am 4.2.1938 entlassen, als nach seiner Heirat mit Luise Margarete Gruhn der Naziführung bekannt wurde, daß diese auf Sexfotos posiert hatte.

Mitglied Abrüstungsdelegation Ausland bekannt ist, Gewähr kontinuierlicher Linie;

3) was deutsche Innenpolitik betrifft, Deutschland es geflissentlich vermieden habe und vermeiden wolle, Seine Haltung gegenüber dem Ausland von jeweiligen Regierungsmaximen abhängig zu machen. In dieser Hinsicht sind Notwendigkeiten und Verhältnisse in Deutschland auch für deutsche Regierung allein maßgebliche Vorbedingungen für kommende Regierungspolitik.

Akten zur deutschen auswärtigen Politik 1918 –1945. Aus dem Archiv des Auswärtigen Amtes. Serie C: 1933 – 1937, Bd. 1, 1. Hbbd., Göttingen 1971, S. 1, Dok. 1.

Februar 1933

(2) Aus dem Bericht »Stimmung der Belegschaften der Berliner Großbetriebe nach dem Regierungswechsel« der Politischen Polizei des Polizeipräsidiums Berlin vom 2. Februar 1933

Nach eingegangenen Informationen ist die Auswirkung der sich infolge der Regierungsumbildung für die Arbeitnehmerschaft geschaffenen Lage unter den Belegschaften in den Großbetrieben gänzlich verschieden; sogar bei den einheitlich organisierten Gruppen treten mehr oder weniger aufeinanderprallende Meinungsverschiedenheiten in Erscheinung, die eine Überbrückung – wenigstens im Augenblick – gänzlich außer Frage stellen. Von den freigewerkschaftlich organisierten Arbeitern, die den größten Teil der Belegschaften ausmachen, ist das Gros der Meinung, daß Hitler erst einmal zeigen müsse, was er zu leisten imstande ist. Diese Ansicht bedeutet für einen übrigen Teil der Arbeiter- und Angestelltenschaft wohl eine Enttäuschung, doch kann letztere ihre eigene Meinung nicht zur Durchführung bringen, weil die Freigewerkschaftler, wie bereits erwähnt, den größeren Prozentsatz der Belegschaften ausmachen und ohne sie eine größere Aktion erfolgreich nicht durchführbar ist.

Hierzu kann gefolgert werden, daß irgendwelche Aktionen in absehbarer Zeit nicht zu erwarten sind, sofern die Regierung keine diktatorischen Unterdrückungsmaßnahmen gegen die Arbeiterschaft anwendet, und keinen weiteren Abbau der Löhne, Gehälter und Sozialleistungen anordnet. Erst dann, wenn die Regierung den Boden der Verfassung verläßt, ist nach dem Ausspruch der freigewerkschaftlichen Führer für die gesamte Arbeiterschaft der Zeitpunkt gekommen, wo die Überleitung zur Gegenaktion beabsichtigt ist.

Diese Stimmung ist vorherrschend.

Von den kommunistisch eingestellten Arbeitern und den oppositionellen Mitgliedern der Freien Gewerkschaften wird die Meinung vertreten, daß die gesamte Arbeiterschaft sofort in den Generalstreik treten müsse, denn nach ihrer Ansicht arbeiten die SPD und die reformistische Gewerkschaftsbürokratie durch die von ihnen eingenommene abwartende Stellung der Hitlerregierung direkt in die Hände. Wenn die von den Freien Gewerkschaften in Aussicht gestellten Aktionen wirklich ernst gemeint seien, kämen sie viel zu spät, denn die Hitlerregierung würde keine einheitlichen Aktionen und Schläge gegen die Arbeiterschaft führen, wie es die »Eiserne Front« erwarte, sondern sie werde schrittweise den einzelnen Gruppen ihren Willen aufzwingen.

Aus diesem Grunde versuchen diese Arbeitergruppen die Belegschaften von der Gefolgschaft der Gewerkschaftsbürokratie loszulösen. Sie sind sich darin einig, daß unter allen Umständen erreicht werden muß, daß sich der Wille der gesamten Arbeiterschaft für /die/ Aufnahme des Kampfes entscheidet. Sie begnügen sich sogar mit Anfängen und betonen hierbei, daß es nach Einleitung des Kampfes leicht sei, ihn weiterzutreiben und ihn zum Entscheidungskampf zu steigern.

Diese Leute entwickeln in den Betrieben eine fieberhafte Tätigkeit, und es ist lediglich auf Disziplin der Angehörigen der »Eisernen Front« zurückzuführen, daß größere Aktionen bisher nicht zustande kamen.

Die dritte Gruppe bilden die linken Kommunisten, die darauf hinarbeiten, unter allen Umständen, ob mit Hilfe der »Reformisten« oder nicht, Aktionen gegen die Hitler-Regierung auszulösen. Von ihnen wird die Meinung vertreten, daß nur durch entschlossenen Kampf das Vertrauen der Arbeiterschaft gewonnen werden kann. Wenn auch die Opposition ebenfalls nach dem Beispiel des ADGB alles über sich ergehen lasse, müsse das im Steigen begriffene Vertrauen der Arbeiterschaft zur RGO wieder nachlassen und letzte müsse zu dem Schuß kommen, daß die Opposition sich von den Reformisten nur durch radikale Phrasen unterscheide.

Zuletzt darf noch auf die Stimmung und Annahme eines kleinen Teils der Belegschaften, nämlich den der Unorganisierten, hingewiesen werden, die offen erklären, daß es überhaupt zu keinerlei Aktionen kommen werde, da die Hitler-Regierung durch Scheinkonzessionen der revolutionären Arbeiterschaft den Wind aus den Segeln nehmen werde. Sie erklären, daß es der Regierung in der Hauptsache darauf ankomme, lediglich ihre Vormachtstellung der Vorkriegszeit wieder zu erobern und zu festigen.

Um die Richtigkeit dieser Stimmungen tobt zur Zeit in den Berliner Betrieben heftigster Kampf.

Auch Moskau greift bereits in die deutschen Verhältnisse in sofern ein, als der Moskauer Sender am gestrigen Tage berichtete, daß die gesamte werktätige Bevölkerung der Sowjetunion erwarte, daß die Ereignisse in Deutschland die Einheitsfront der Arbeiterschaft mit sich brächten, da für sie alles auf dem Spiele stehe. Der Sprecher ging sogar soweit, daß er erklärte, daß die deutschen Kommunisten ev/entuell/ Kompromisse schließen müßten, um dieses Ziel zu erreichen. Schnelles Handeln sei notwendig, wenn die Kommunistische Partei Deutschlands ihre historische Aufgabe lösen wolle.

Zusammengefaßt kann berichtet werden, daß in den Betrieben ein ziemlich zerrissenes Bild herrscht. Trotzdem kommt aber immer wieder die Meinung zum Ausdruck, daß durch die Berufung der NSDAP in die Regierung die Arbeiterschaft endlich zur Einheitsfront kommen müsse.

Bemerkt werden soll noch, daß die RGO inzwischen das Unmögliche der Durchführung eines Generalstreiks eingesehen hat. In einer Sitzung am Abend des 31.1. wurde Abbruch der Parole beschlossen, allerdings mit der Einschränkung, daß den UB /Unterbezirken/ von diesem Beschluß nicht unmittelbar Kenntnis gegeben und vorerst die Streikpropaganda noch fortgesetzt werden soll.

Bundesarchiv (im folgenden: BA) Potsdam, R 58/508, Bl. 63 ff.

(3) Aus einer Pressemitteilung vom 2. Februar 1933 über das Vorgehen der Politischen Polizei gegen KPD und SPD in Preußen

Reichsminister Göring hat in seiner Eigenschaft als Reichskommissar für das preußische Innenministerium ein Demonstrationsverbot für die Kommunistische Partei und die ihr angeschlossenen Organisationen erlassen. Das Demonstrationsverbot gilt ab sofort.

Der kommissarische preußische Innenminister Göring hat seinen Erlaß an alle Regierungspräsidenten gerichtet, der durch

Polizeifunk den nachgeordneten Stellen übermittelt wurde. Der Erlaß betont, daß ein schärferes Vorgehen gegen kommunistische Unruhestiftung notwendig sei. Alle kommunistischen Versammlungen unter freiem Himmel im ganzen preußischen Staatsgebiet sowie alle Versammlungen etwaiger Unter- und Nebenorganisationen der KPD unter freiem Himmel werden in dem Erlaß verboten. Es wird weiter angeordnet, daß die übrigen Versammlungen der Kommunisten sorgfältiger als bisher beobachtet und sofort aufgelöst werden sollen, sobald eine Aufforderung zum Streik oder zu sonstigen hochverräterischen Unternehmungen ausgesprochen werde. …

Die Polizei ist in Berlin an verschiedenen Stellen zu Haussuchungen in kommunistischen Parteiräumlichkeiten geschritten. Die Aktion richtete sich in erster Linie gegen das Karl-Liebknecht-Haus, den Sitz der Parteizentrale. Mit einem großen Aufgebot von Kriminal- und Schutzpolizeibeamten wurde das Gebäude besetzt und die Räumlichkeiten einer gründlichen Durchsuchung unterworfen. …

Beamte der Abteilung I[1] nahmen eine Razzia in einem kommunistischen Verkehrslokal in der Fürstenstr. 5, im Süden der Stadt vor, wobei die in dem Lokal anwesenden Personen, und zwar 19 Anhänger der KPD, zwangsgestellt wurden.

Die für Sonntag /5.2./ geplante SPD-Kundgebung im Lustgarten ist vom Polizeipräsidium verboten worden.

Völkischer Beobachter, Ausgabe A, Norddeutsche Ausgabe, Berlin (im folgenden wurde diese Ausgabe benutzt) vom 3.2.1933.

1   Die Abteilung I A des Berliner Polizeipräsidiums war in der Weimarer Republik faktisch die Zentrale der Politischen Polizei in Preußen, sie wurde noch im Februar 1933 durch Göring erweitert und erhielt außerdem exekutive Vollmachten. Diese Abteilung war die Keimzelle für das Geheime Staatspolizeiamt in Berlin, dessen Bildung am 26.4.1933 angeordnet wurde.

(4) Bericht des »Völkischen Beobachters« über die Zusammenkunft des Reichskanzlers Adolf Hitler mit den Befehlshabern des Heeres und der Marine in Berlin am 3. Februar 1933

Reichskanzler Adolf Hitler nahm Gelegenheit, auf Einladung des neuernannten Reichswehrministers v/on/ Blomberg, vor einem größeren Kreise höchster Reichswehroffiziere über die Ziele seiner Politik zu sprechen. Der Reichswehrminister von Blomberg hatte zu dieser ersten offiziellen Fühlungnahme des Reichskanzlers mit der Führung der Wehrmacht alle höheren Generale und Vertreter der Marine zusammenberufen. Der Reichskanzler hielt einen ausführlichen Vortrag über die politische Lage und die kommende Entwicklung in Deutschland, wie sie die neue Reichsregierung zu treiben gedenkt.

Diese Zusammenkunft ist angesichts der Wende des 30. Januars von besonderer Wichtigkeit. Sie bewies die enge Verbundenheit der Politik der neuen Regierung mit den Aufgaben der Wehrmacht, deren ausschlaggebende Bedeutung für die äußere Sicherheit des deutschen Volkes unter der neuen Regierung mehr als bisher in Erscheinung treten wird. Diese Verbundenheit kommt auch in Äußerungen aus den Reihen der Wehrmacht selbst zum Ausdruck. Der neuernannte Chef des Ministeramtes im Reichswehrministerium, der bisherige Stabschef der ersten Division beim Wehrkreis I in Königsberg, Oberst v/on/ Reichenau[1], der in Zusammenarbeit mit dem bisherigen Befehlshaber im Wehrkreis I dem neuen Reichswehrminister General v/on/ Blomberg, sich große Verdienste um den Ausbau der Verteidigungsstellung Ostpreußen erworben hat, erklärte, daß er sein neues Amt mit der gleichen Begeisterung antrete, von der der Aufruf der neuen Reichsregierung an das deutsche Volk getragen sei.

Im Zusammenhang mit den allgemeinen Richtlinien, nach denen die neue Leitung der Wehrmacht handeln werde, erklärte Oberst von Reichenau:»Niemals war die Reichswehr identischer mit den Aufgaben des Staates als heute!«

Völkischer Beobachter vom 5./6.2.1933.

1   Walter von Reichenau (1884–1942), 1934 befördert zum Generalmajor, 1935 Generalleutnant, 1936 General der Artillerie, 1939 Generaloberst, 1940 Generalfeldmarschall.

(5) Aus dem Protokoll der Rede Adolf Hitlers vor den Befehlshabern des Heeres und der Marine über seine politischen Ziele am 3. Februar 1933 in Berlin[1]

Ziel der Gesamtpolitik allein: Wiedergewinnung der pol/itischen/ Macht. Hierauf muß gesamte Staatsführung eingestellt werden (alle Ressorts!).

1. Im Innern. Völlige Umkehrung der gegenwärt/igen/ innen-

1   Das Geheimprotokoll schrieb Generalleutnant Kurt Liebmann, Befehlshaber im Wehrkreis V (Stuttgart). Die Abkürzungen seiner Niederschrift wurden aufgelöst. Das Dokument wurde 1954 erstmals veröffentlicht.

pol/itischen/ Zustände in D/eutschland/. Keine Duldung der Betätigung irgendeiner Gesinnung, die dem Ziel entgegensteht (Pazifismus!). Wer sich nicht bekehren läßt, muß gebeugt werden. Ausrottung des Marxismus mit Stumpf und Stiel. Einstellung der Jugend u/nd/ des ganzen Volkes auf den Gedanken, daß nur d/er/ Kampf uns retten kann u/nd/ diesem Gedanken gegenüber alles zurückzutreten hat. (Verwirklicht in d/en/ Millionen d/er/ Nazibewegung. Sie wird wachsen.) Ertüchtigung der Jugend und Stärkung des Wehrwillens mit allen Mitteln. Todesstrafe für Landes- und Volksverrat. Straffste autoritäre Staatsführung. Beseitigung des Krebsschadens der Demokratie!

2. Nach außen. Kampf gegen Versailles. … Sorge für Bundesgenossen.

3. Wirtschaft! Der Bauer muß gerettet werden! Siedlungspolitik! Künft/ige/ Steigerung d/er/ Ausfuhr zwecklos. Aufnahmefähigkeit d/er/ Welt ist begrenzt u/nd/ Produktion ist überall übersteigert. Im Siedeln liegt einzige Mögl/ichkeit/, Arbeitslosenheer z.t. wieder einzuspannen. Aber braucht Zeit u/nd/ radikale Änderung nicht zu erwarten, da Lebensraum für d/eutsches/ Volk/ zu klein,

4. Aufbau der Wehrmacht wichtigste Voraussetzung für Erreichung des Ziels: Wiedererringung der pol/itischen/ Macht. Allg/emeine/ Wehrpflicht muß wieder kommen. Zuvor aber muß Staatsführung dafür sorgen, daß die Wehrpflichtigen vor Eintritt nicht schon durch Pazif/ismus/, Marxismus, Bolschewismus vergiftet werden oder nach Dienstzeit diesem Gifte verfallen.

Wie soll pol/itische/ Macht, wenn sie gewonnen ist, gebraucht werden? Jetzt noch nicht zu sagen. Vielleicht Erkämpfung neuer Exportmögl/ichkeiten/, vielleicht – und wohl besser – Eroberung neuen Lebensraums im Osten u/nd/ dessen rücksichtslose Germanisierung.

Thilo Vogelsang, Neue Dokumente zur Geschichte der Reichswehr 1930–1933. In: Vierteljahreshefte für Zeitgeschichte, 2 (1954), S. 434 f.

(6) Bericht von Peter Degner, Kriminalpolizeirat im Polizeipräsidium Potsdam, über einen Vorfall bei einem Propagandamarsch durch Nowawes[1] am 3. Februar 1933

Der Fackelzug der SA, des Stahlhelms und der SS durch Potsdam und Nowawes ist bis auf einen Zwischenfall, am Rathaus Nowawes,

---

1 Nowawes wurde 1938 umbenannt in Babelsberg.

ruhig verlaufen. Am Rathaus Nowawes wurde der Zug von politischen Gegnern, die sich in großer Zahl angesammelt hatten, mit Niederrufen und Gejohle empfangen. Ein Trupp SA-Leute drang gegen die in der Rathausecke stehende Menge vor und zerstreute in großer Schnelligkeit die Leute. Hierbei sind drei Schüsse gefallen. Ein Zuschauer erlitt einen Durchschuß durch den rechten Unterarm. Es handelt sich um einen Emil Klein, am 28.1.13 Potsdam geboren, Potsdam, Neue Königstr. 79/80 wohnhaft. Er wurde auf der Unfallwache in Nowawes verbunden und konnte sich in seine Wohnung begeben. Er gibt an, daß der Schütze ein Mann in SA-Uniform gewesen sei. Die Ermittlungen sind aufgenommen.

Brandenburgisches Landeshauptarchiv (im folgenden: BLHA), Potsdam, Pr. Br. Rep. 2 A I Pol., Nr. 1105, Bl. 50.

(7) Pressemeldung über politische Auseinandersetzungen in Luckenwalde am 14. Februar 1933

Bei der Versammlung der Eisernen Front in Luckenwalde am Dienstag /14.2./ kam es zu Zusammenstößen zwischen SA-Leuten und Mitgliedern der Eisernen Front, wobei es auf beiden Seiten Verletzte gab.

Der Regierungspräsident in Potsdam hat sofort einen höheren Polizeioffizier zur Untersuchung an Ort und Stelle entsandt und in Anbetracht der augenblicklichen Verhältnisse in Luckenwalde für die gesamte Polizeiexekutive bis auf weiteres dort einen staatlichen Polizeioffizier eingesetzt; außerdem ist die kommunale Polizei durch staatliche Polizei verstärkt worden.

Berliner Börsen-Zeitung. Tageszeitung für nationale Politik/Wirtschaft/Kultur, Berlin, Morgenausgabe vom 16.2.1933.

(8) Aus dem Bericht von Heinz Riebe, Polizeioberleutnant, in Luckenwalde vom Polizeipräsidium Potsdam eingesetzt als»Polizeiverwalter«, an den Regierungspräsidenten in Potsdam am 20. Februar 1933 über die politische Lage in der Stadt

Nach einer am 20. mit dem Herrn Landrat gehabten Besprechung habe ich heute»Treue- und Verschwiegenheitserklärungen« fertigen lassen, die ich unterschriftlich vollziehen lassen werde und von denen ich ein Exemplar in der Anlage beifüge. Für das nächst Wichtige hielt ich es, Fühlung mit den nationalen

Organisationen zu nehmen, mit denen in der nächsten Zeit ein Zusammentreffen in irgend einer Form vorgesehen ist. Ich habe deshalb Zusammenkünfte mit dem Standarten-Führer der hier im Kreis liegenden Standarte 206, den verschiedenen Führern der in L/uckenwalde/ liegenden SA-Stürme, dem Führer der hiesigen SS und dem Stahlhelm angesetzt. Bei diesen Zusammenkünften habe ich engste Fühlung genommen mit den genannten Organisationen und rege Zusammenarbeit und gegenseitige Orientierung besprochen und erreicht. Unter anderem habe ich bereits die Aufstellung der N.P. (Notpolizei)[1] mit dem Standortführer besprochen und bereits Räume p.p. zur Unterbringung bestimmt.

Ich ließ mir weiterhin den Führer der hiesigen SPD kommen und eröffnete ihm, welche Nachteile für seine Partei entstehen würden, wenn sich SPD- und KPD-Mitglieder bei Versammlungen und Umzügen in irgend einer Form vermischen würden. ...

Im besonderen habe ich mir eine strenge Überwachung der marxistischen Presse angelegen sein lassen. Auf meinen Antrag vom 17. d/ieses Monats/ ist die hiesige Zeitung »Volkswacht« auf acht Tage verboten worden. Die in Berlin verlegte, aber hier recht rege zur Verteilung gekommene »Die rote Post« habe ich auf Grund des § 7 der Verordn/un/g z/um/ Schutze des deutschen Volkes vom 4.2.1933 beschlagnahmt, desgleichen ein marxisches Flugblatt mit der Überschrift »Deutsches Volk! Frauen und Männer!«

Die Druckerei der hiesigen marxistischen Zeitung steht unter dauernder Kontrolle. Bei mehreren Führern der KPD und der SPD habe ich Durchsuchungen nach verbotenen Druckschriften oder solchen mit strafbarem Inhalt bzw. nach den zur Herstellung benutzten technischen Einrichtungen vornehmen lassen.

Zur Beobachtung dieser genannten Personen und ihrer Mittelsmänner habe ich, wie auch zu meiner sonstigen politischen Orientierung einen besonderen, politisch zuverlässigen Beamten in Zivil bestimmt, der wiederum in engster Verbindung steht mit dem Erkundungsdienst der NSDAP[2].

---

1 Eigene Bezeichnung für die Hilfspolizei, die nach dem Erlaß Hermann Görings, Kommissar des Reiches für das preußische Ministerium des Innern, vom 22.2.1933 gebildet wurde.

2 Der Erkundungsdienst der NSDAP war ein parteieigener Nachrichtendienst zur Bespitzelung sowohl von Gegnern als auch eigener Mitglieder. Die Bezeichnungen wechselten, so gab es z.B. 1932 den »Presse- und Informationsdienst« (PI), und die größte Bedeutung erlangte schließlich der von Reinhard Heydrich geführte »Sicherheitsdienst« (SD).

Politische Versammlungen und Veranstaltungen haben bis jetzt noch nicht wieder stattgefunden. Zu besonderen Vorkommnissen ist es nicht gekommen. Luckenwalde war bis jetzt politisch außerordentlich ruhig. Erst seit den letzten Tagen sind Bestrebungen im Gange, mit der SPD und der KPD eine gemeinsame Front aufzustellen. Ich habe durch einige geheime Flugblätter hiervon Kenntnis bekommen. Dafür jedoch, daß eine Übereinkunft hierüber bereits zustande gekommen ist, habe ich noch keine Anzeichen. Sollte dieses der Fall werden, würde ich auch in Luckenwalde mit einer Verschärfung der politischen Lage rechnen, da bei einem etwaigen Zusammengehen dieser Parteien die KPD als die radikalere die Führung wohl bei irgend einem Auftreten in der Öffentlichkeit übernehmen würde. Bis dahin halte ich eine weitere Verstärkung der hiesigen Polizeikräfte nicht für erforderlich. ...

Treue- und Verschwiegenheitserklärung.[3]

Ich versichere hiermit auf Ehre und Gewissen, daß ich mich mit meiner ganzen Person , mit allen meinen geistigen und körperlichen Kräften, im Sinne der Richtlinien des Ministerium des Innern, die mir am ... Februar 1933 durch Herrn ... bekanntgegeben worden sind, für die Regierung der nationalen Parteien einsetzen werde. Mir ist bekannt, daß ich bei einem Bruch meines Versprechens meine Entlassung zu gegenwärtigen habe. Ich bin mir der Pflicht zur Amtsverschwiegenheit bewußt und versichere, daß ich über alles mir dienstlich zur Kenntnis gelangte Stillschweigen bewahren werde.

Luckenwalde, den ... Februar 1933.

BLHA, Potsdam, Pr. Br. Rep. 2 A I Pol., Nr. 641, Bl. 169–171.

3   Hektografierte Anlage zum Bericht des Polizeioffiziers.

(9) Pressemitteilung der Verbandsleitung des Nationalverbandes Deutscher Offiziere vom 20. Februar 1933 über ihre Auffassung vom »Geist von Potsdam« und zum Dolchstoß

In einer Rede auf dem Parteitag der württembergischen Zentrumspartei hat der württembergische Staatspräsident Bolz[1] den Geist

1   Eugen Bolz (1881–1945), Zentrumspolitiker, Staatspräsident von Württemberg 1928–1933; wurde von Hitler in einer Wahlrede am 18.2.1933 scharf angegriffen und am 14.6. verhaftet; wegen Verbindung zur Widerstandsbewegung vom 20. Juli 1944 erneut verhaftet, zum Tode verurteilt und am 23.1.1945 hingerichtet.

von Potsdam als den Geist hingestellt, der uns im Kriege nicht rechtzeitig den Frieden gesucht und uns in die fürchterliche Niederlage hineingeführt hat. Der Nationalverband Deutscher Offiziere erhebt schärfsten Einspruch gegen diese Verunglimpfung aller Träger des Geistes, der Preußen groß gemacht und dadurch die Schaffung des Deutschen Reiches gelegt hat. Er stellt fest, daß es eine geschichtliche Unwahrheit ist, den Geist des Widerstandes gegen eine von unseren Gegnern beabsichtigte Versklavung als den Schuldigen an dem Verlust des Weltkrieges hinzustellen. Solange dieser Geist im deutschen Volke herrschte, war an eine Niederlage nicht zu denken; erst als es dem Marxismus und seinen Schleppenträgern gelang, an die Stelle dieses Geistes den Geist der Zwietracht zu setzen, war es um Deutschland geschehen. Der Krieg ist nicht im Felde, sondern in der Heimat verloren worden. Daß ein Vertreter des Zentrums solche Ausführungen macht, nimmt nicht Wunder. Daß aber der Präsident eines zum Reiche gehörenden Landes durch diesen Angriff gegen Preußen Zwietracht zwischen den deutschen Stämmen sät, das fordert unsere Gegenwehr heraus. Wir kämpfen für die Beseelung ganz Deutschlands durch den Geist von Potsdam.

Berliner Börsen-Zeitung vom 21.3.1933.

(10) Aus dem Bericht von Horace Rumbold, britischer Botschafter in Berlin, an Außenminister John Simon am 22. Februar 1933 über die politische Lage in Deutschland

Die Regierung ist z. Zt. mit dem Wahlkampf beschäftigt. Die Reden der Nazi-Führer würden in den meisten zivilisierten Ländern als bewußte Aufhetzung zu Gewalttätigkeiten angesehen werden. ...

Die Nazis haben nicht nur keine konstruktiven Maßnahmen vorher angedeutet, sondern sie scheinen auch ihr berühmtes Wirtschaftsprogramm zum alten Eisen geworfen zu haben, das »für alle Zeiten unverändert« bleiben sollte. Der Innenminister, Herr Frick[1], den ich vor einigen Tagen in Dresden sprach, gab zu, daß tatsächlich kein Wirtschaftsprogramm existiere. »Die morali-

---

1 Dr. Wilhelm Frick (1877–1946), 1919/24 Leiter der Politischen Polizei im Münchener Polizeipräsidium, 1930/31 Innenminister in Thüringen, 1933–1943 Reichsinnenminister und Preußischer Innenminister, Reichsleiter der NSDAP, 1943/45 Reichsprotektor für Böhmen und Mähren.

sche und geistige Umformung des deutschen Volkes und die Ein-
prägung eines unbeugsamen und nationalen Willens« sei, so sagte
er, die erste Aufgabe. Erst wenn die deutsche Jugend den Wehr-
geist wiedererlangt habe, könne der Versuch unternommen werden, sich mit Wirtschaftsproblemen zu befassen. Hitler und Hugenberg[2] stimmen beide darin überein, daß keine Aufbauarbeit
geleistet werden könne, ehe nicht der Marxismus ausgerottet worden wäre. Es ist interessant zu beobachten, daß auch Hitler in seiner Litanei alle antisemitischen Abschnitte getilgt hat. In der Tat
laufen seine jüngsten Reden auf nichts anderes hinaus, als auf
eine Wiederholung seiner Anschuldigungen gegen die »Novemberverbrecher« und die marxistischen Regierungen der vergangenen vierzehn Jahre. Die Beschimpfungen wechseln, aber die
wichtigsten Anklagen bleiben unverändert. Diese Beschuldigun-
gen gründen sich auf so bewußte Geschichtsfälschungen, daß
man sich über die Leichtgläubigkeit der Zuhörerschaft fast mehr
wundert, als über die Unverschämtheit des Sprechers. Die nationalsozialistische Durchschnittszuhörerschaft, die sich hauptsächlich aus jungen Leuten bis zum Alter von dreißig Jahren zusam-
mensetzt, weiß über die einfachsten geschichtlichen Tatsachen
nicht Bescheid. Wenn Hitler äußert, daß die Revolution von 1918
zu Deutschlands Niederlage führte, scheint seine Zuhörerschaft
ihm zu glauben. Ihr Beifall ist echt. Gerade diese Geschichtsfäl-
schung hat mehr dazu beigetragen, die Linke in Verruf zu bringen, als jede andere Anklage. Oktober 1925 wurde die »Dolch-
stoßlegende«, d.h. die Legende, die militärische Niederlage des
Landes wäre durch die revolutionäre Bewegung in Deutschland
hervorgerufen worden, endgültig hinweggefegt durch die Zeu-
genaussagen von Admiralen, Generalen und Staatsmännern vor
einem Münchener Gerichtshof …

Hitler mag kein Staatsmann sein, aber er ist ein ungewöhnlich
gescheiter und waghalsiger Demagoge und zieht jeden volkstüm-
lichen Instinkt in Rechnung. Durch das einfache Verfahren der
Wiederholung hat er die Jugend seines Landes überzeugt, daß die
augenblickliche Arbeitslosigkeit das Werk der aufeinanderfolgen-
den Linksregierungen sei. Deutschland, so behauptet er, ist ein

2 Alfred Hugenberg (1865–1951), 1890 Gründer des Alldeutschen Verbandes,
1909/18 Vorsitzender des Vorstandes der Friedrich Krupp AG, dann Aufbau
eines großen Presse- und Filmkonzerns, 1928 bis zur Auflösung der Deutschnationalen Volkspartei am 28.6.1933 deren Vorsitzender, am 27.6. Rücktritt
Hugenbergs als Minister.

Trümmerhaufen. Die Grundwahrheit aber ist, daß Deutschland 1918 ein Trümmerhaufen war und die deutsche Linke, der man sogar in Versailles mit einer gewissen Sympathie begegnete, das Gefüge des Reiches rettete, seine Einheit erhielt und es schließlich wieder aufbaute. Hitlers jüngste Reden sind im Charakter deutschnationaler als diejenigen, die er vor dem 1. Februar /1933/ hielt. Der Ton wurde entschieden reaktionärer, aber seine Zuhörer zeigen sich hingerissen. …

Die Sozialdemokraten sind durch die Unterdrückung des »Vorwärts« und ihre anderen Zeitungen bedient worden, aber anscheinend werden sie durch die ungeheuren Schwierigkeiten entmutigt, die ihnen gegenüberstehen. Sie haben das Gefühl, daß die Würfel zu ihren Ungunsten gefallen sind. …

Ich bin jedoch nicht über die Drangsalierungen der Linken in diesem Lande im hohen Grade bekümmert, sondern ich bin ernsthaft darüber besorgt über die Aussicht, daß, wenn nicht seitens der Wählerschaft eine Rückkehr zur Vernunft stattfindet, oder falls nicht Präsident von Hindenburg dem Geist und dem Buchstaben der Verfassung mehr Achtung bezeugt, als er es jüngst bewiesen hat, die Grundlagen der Freiheit des Volkes und der Repräsentativverfassung hier endgültig zerstört werden. Mir wurde aus zuverlässiger Quelle berichtet, daß der Präsident dem Argument gegenüber sehr zugänglich geworden ist, seine Handlungsweise 1918 sei nicht untadelhaft und sein Verhalten eines preußischen Offiziers unwürdig gewesen, als er dem König von Preußen /Wilhelm II./ den Rat gab, aus seinem Lande zu fliehen. Er solle daher jetzt die Gelegenheit einer Wiedergutmachung vor der Geschichte wahrnehmen, indem er die Rechtsparteien wieder in ihre Macht einsetze.

Documents on British Foreign Politics 1919–1939, 2. Series, Bd. IV (1932/33), London 1950, S. 425 ff.

(11) Aus den Erinnerungen von Sefton Delmer, Korrespondent der britischen Zeitung »Daily Express« in Berlin, über eine Begegnung zwischen Adolf Hitler und Hermine, zweite Frau des Exkaisers Wilhelm II. am 22. Februar 1933

»Kaiserin« Hermine, eine stattliche, selbstbewußte Dame – sie war die außerordentlich wohlhabende zweite Frau des Kaisers –, traf vierzehn Tage, nachdem der frühere Gefreite ihres Gatten die Macht übernommen hatte, in Berlin ein. Sie äußerte den

Wunsch, ihn sofort zu sprechen. Aber Hitler drückte sich und wich ihr aus.

Vizekanzler von Papen hingegen machte ihr am Sonntag, dem 19. Februar, seine Aufwartung und versicherte als treuer Monarchist, der er war, galant der »Kaiserin«, daß er alles tun werde, was in seiner Macht stünde, um die Restauration der Hohenzollern zum erstmöglichsten Zeitpunkt durchzusetzen.

Noch immer jedoch weigerte sich der allmächtige Hitler, mit Hermine zusammenzutreffen, als Frau Victoria von Dirksen, die Stiefmutter eines der profiliertesten Botschafter Hitlers[1] und zugleich eine der glänzendsten Gastgeberinnen Berlins, eine großartige Idee hatte. Schließlich war sie sowohl der Kaiserin wie Hitler treu ergeben. Sie wollte eine große Abendgesellschaft geben und beide dazu einladen.

Pünktlich um acht Uhr versammelten sich am 22. Februar 1933 die Gäste im Hause der Dirksens in der Margaretenstraße – ganz in der Nähe meiner Wohnung. Zehn Minuten nach Acht erschien Hermine. Sie war der festen Meinung, daß Herr Hitler sie hier zusammen mit den anderen Gästen erwarte, so wie es sich ziemt, wenn Fürsten ihre Untertanen besuchen. Aber Herr Hitler war nicht da. Frau von Dirksens schöne englische Standuhr aus dem 17. Jahrhundert schlug die Viertelstunde – dann die halbe Stunde. Arme Hermine! Würde er kommen? Würde er nicht kommen?

Ein Viertel vor neun Uhr betrat Hitler ohne ein Wort der Entschuldigung den Raum. Mit seinem Frack, der weißen Binde und der sorgfältig geölten Stirnlocke wirkte er wie der Direktor eines Provinzzirkus. Frau von Dirksen erwog eine schwierige Protokollfrage: Sollte sie die Kaiserin dem Kanzler oder den Kanzler der Kaiserin vorstellen? Hitler löste das Problem für sie. Elegant schritt er auf Hermine zu, knallte die Hacken seiner Lackschuhe zusammen, verbeugte sich steif und sagte:»Hitler!« – »Heil Hitler, Herr Hitler!« erwiderte Hermine nervös, als der Führer ihr galant die Hand küßte. Während des Essens hatte Hermine keine Gelegenheit, Adolf für sich und ihre Sache einzunehmen. Die beiden saßen an den entgegengesetzten Enden der Tafel. Nach Tisch jedoch gelang es ihr, ihn in ein Gespräch zu verwickeln.

Und was sagte Hitler zu ihr, als sie meinte, es sei doch nun an

---

1 Dr. Herbert von Dirksen war seit 1928 deutscher Botschafter in Moskau, dann 1933 in Tokio und 1938/39 in London.

der Zeit, etwas für die Wiedereinführung der Monarchie zu tun oder wenigstens dem Kaiser die Rückkehr in sein Vaterland zu ermöglichen?»Ich wäre stolz darauf, wenn ich etwas zu der Rückkehr Ihrer erhabenen Herrscherfamilie an den ihr rechtlich zukommenden Platz beitragen könnte«, sagte Hitler.»Niemand ist sich der großen Verdienste, die sich das Haus Hohenzollern um das Vaterland erworben hat, klarer bewußt als ich. Aber leider ist die Zeit noch nicht reif. Im gegenwärtigen Moment würde eine solche Maßnahme im ganzen Land nur Unruhe und Aufruhr heraufbeschwören. Und auch die ausländischen Mächte, deren Haltung wir in unserer heutigen delikaten Situation berücksichtigen müssen, würden einen Umschwung dieser Art keineswegs begrüßen. Ich kann Eurer Kaiserlichen Majestät im strengsten Vertrauen eröffnen, daß ein äußerst wichtiger englischer Agent mich, noch bevor wir die Regierung übernommen haben, dahingehend informiert hat, daß die englische Regierung jeden Versuch, die Monarchie in Deutschland wiedereinzuführen, mit größter Besorgnis betrachten würde.«

In diesem Augenblick griff Victoria von Dirksen in das Gespräch ein und rettete sowohl ihre Kaiserin wie ihren Führer vor weiteren Peinlichkeiten.

Ich hörte die Geschichte noch in derselben Nacht durch einen der Gäste Frau von Dirksens. Meine Zeitung brachte sie am nächsten Morgen auf der Titelseite. Und so kam es, daß die Berliner erst aus London erfuhren, daß die»Kaiserin« unter ihnen geweilt hatte.

Sefton Delmer, Die Deutschen und ich, Hamburg 1963, S. 175 ff.

(12) Aus einem Kommentar der»Berliner Börsen-Zeitung« zur Notverordnung zum Schutz von Volk und Staat vom 28. Februar 1933

Von zuständiger Stelle wird mit allem Nachdruck betont, daß die Regierung entschlossen ist, gegen den Kommunismus mit größter Brutalität vorzugehen. Das gleiche gelte auch für alle diejenigen, die, ohne selbst Kommunist zu sein, mit den Kommunisten zusammenarbeiten oder hinreichend verdächtig sind, mit den Bolschewisten zu sympathisieren. Auch sie wird die Verordnung in ihrer vollen Schwere treffen.

Die neue Notverordnung zum Schutz von Volk und Staat ist rückhaltlos zu begrüßen. Reichspräsident und Reichsregierung haben alles getan, was zur Abwehr der drohenden Gefahr von

Staats wegen getan werden kann. Sie haben rasche und ganze Arbeit geleistet und sich um das Vaterland verdient gemacht. Sie haben die schon zum Sprunge aufgerichtete Schlange mit einem entschlossenen und wuchtigen Hiebe zu Boden geschlagen.

Berliner Börsen-Zeitung, Morgenausgabe vom 1.3.1933.

März 1933

(13) Aus Meldungen des »Völkischen Beobachters« über Polizeimaßnahmen in Deutschland am 1. März 1933

Alarm im ganzen Reich. Es wird rücksichtslos durchgegriffen. Entsprechend den neuen Anordnungen des kommissarischen Innenministers Göring wurden in ganz Preußen und begrüßenswerter Weise auch in anderen Ländern polizeiliche Maßnahmen gegen Kommunisten ergriffen. ...

200 neue Verhaftungen und 300 KPD-Lokale geschlossen

Auf Grund der durchgreifenden Maßnahmen wurden in Berlin die ganze Nacht hindurch Haussuchungen bei vielen kommunistischen Funktionären und in einer Reihe von KPD-Lokalen abgehalten. Andauernd wurden neue Verhaftungen vorgenommen. Insgesamt wurden etwa 200 Kommunisten festgenommen und zum Verhör ins Polizeipräsidium gebracht. Insgesamt wurden 300 KPD-Lokale geschlossen.

Völkischer Beobachter vom 2.3.1933.

Häftlingsappell im KZ Oranienburg, 1933

73

*(14) Mitteilung in der »Potsdamer Tageszeitung« vom 1. März 1933
über die Aufstellung der »Hilfspolizei« in Brandenburg*

Der Regierungspräsident in Potsdam teilt uns mit: Auf Anweisung des Ministers des Innern ist für den Regierungsbezirk eine Hilfspolizei aufgestellt worden, die an weißen Armbinden mit der Aufschrift »Hilfspolizei« und dem Stempel der Polizeibehörde kenntlich ist. Die Beamten der Hilfspolizei, die vom Regierungspräsidenten auf Grund des Polizeiverwaltungsgesetzes bestätigt sind, führen einen Ausweis mit Lichtbild bei sich. Ihren Anweisungen ist ebenso wie den Anweisungen der staatlichen und kommunalen Polizeibeamten Folge zu leisten. Die Hilfspolizisten erhalten eine Vergütung von 3 RM nur bei 24stündiger ununterbrochener Einsatzzeit. Es kann also vorkommen, daß sie tage- oder wochenlang acht, sechzehn oder mehr Stunden ohne die geringste Vergütung Dienst tun.

Näheres über Zahl und Zusammensetzung der Hilfspolizei war auf Anfrage bei der Regierung nicht zu erfahren. Dagegen liegen von der Regierung in Frankfurt a/n/ /der/ O/der/ bereits Einzelheiten vor. Danach wird die Aufstellung der Hilfspolizei im Regierungsbezirk Frankfurt (Oder) am 1. März bereits durchgeführt sein. Die Stärke ist nach den örtlichen Bedürfnissen verschieden. In Frankfurt (Oder) werden 120 Mann, davon 100 Mann SS, in Cottbus 120 Mann, davon 90 Mann SS und 30 Stahlhelmer, im Stadt- und Landkreis Landsberg werden je 50 Mann SS und 22 Stahlhelmer als Hilfspolizisten vereidigt.

Potsdamer Tageszeitung vom 1.3.1933.

(15) Aus einem Erinnerungsbericht von Dr. Friedrich Bestehorn, leitender Mitarbeiter in der Potsdamer Stadtverwaltung[1], über die ersten Schritte am 1. und 2. März 1933 zur Vorbereitung des »Tages von Potsdam«

Am 1. März 1933 erhielt ich um 3 Uhr nachmittags in meiner Wohnung den Anruf des Ministerialrates im Reichsinnenministerium Dr. Kaisenberg mit etwa folgenden Worten: »Der Reichskanzler hat die Absicht, den neuen Reichstag in der Stadt Potsdam zu eröffnen. Wir haben uns bereits an die Verwaltung der Staatlichen Schlösser und Gärten in Berlin gewandt mit der Bitte, hierfür in Potsdam einen Saal zur Verfügung zu stellen. Die Schlösserverwaltung hat dies als unmöglich bezeichnet. Bei diesen Verhandlungen hat der Amtsrat Backschat[2] mich nun an Sie als alten Potsdamer aufmerksam gemacht, der vielleicht Rat schaffen könnte. Darum bitte ich nun.«

Ich muß schon sagen, daß mich nicht nur ideell als Potsdamer Jungen, sondern auch sehr materiell als städtischen Sachbearbeiter für den Potsdamer Fremdenverkehr diese Anfrage tief innerlich packte. Ich erbat eine halbe Stunde Bedenkzeit. Während dieser halben Stunde schweifte mein Blick nun über alle Großräume der Stadt und der Parks, auch den Entscheid der Schlösserverwaltung noch einmal überprüfend. Ich kam hinsichtlich der Schlösser jedoch zu derselben Ansicht, da der Reichstag allein für rund 600 Abgeordnete Platz erheischte; und auch unter den Profanbauten und Gedenkstätten fand ich keinen genügend würdigen Raum. Nie in meinem Leben war ich mir einer größeren Verantwortung bewußt. Da schoß mir im letzten Augenblick der Gedanke an die Garnisonkirche durchs Gehirn, als an die Kirche, in der ich vom alten Hofprediger Rogge[3], dem Pfarrer der Kaiserkrönung im Versailler Spiegelsaal[4], konfirmiert worden bin.

So plötzlich der Gedanke gekommen war, so schnell meldeten sich Gewissensbedenken über die Benutzung einer Kirche und noch dazu einer von der Bedeutung der Garnisonkirche mit der heiligen Gruft der beiden großen Preußenkönige als Schauplatz einer Reichstagssitzung.

Sogleich aber beruhigte mich wieder meine Kenntnis von ähnlich gelagerten geschichtlichen Tatsachen. Ich dachte an den Zusammentritt der Nationalversammlung in der Pauls-Kirche in Frankfurt a/m M/ain/ im Mai des Jahres 1848 und an die Flucht der preußischen Nationalversammlung aus Berlin in die Domkirche zu Brandenburg, als im November des Jahres 1848 der Berliner Mob diese aus Berlin verjagt hatte.

1   Dr. Bestehorn war als Obermagistratsrat zuständig für den Fremdenverkehr in Potsdam. Ehemals Mitglied der Deutschen Volkspartei, 1934 Eintritt in die NSDAP, seit 1937 Leiter des Kriegs-, Wirtschafts- und Ernährungsamtes in Potsdam. Am 25.4.1945 übernahm er nach der Flucht des bisherigen Oberbürgermeisters die Leitung der Stadtverwaltung, wurde am 2.5.1945 vom sowjetischen Stadtkommandanten bestätigt, dann am 13.5. verhaftet. Am 19.5. freigelassen, blieb er jedoch vom Dienst suspendiert.

2   Amtsrat Friedrich Backschat, Potsdam.

3   Hofprediger Bernhard D. Rogge, Potsdam.

4   Wilhelm I., König von Preußen, wurde am 18.1.1871 im Schloß von Versailles zum deutschen Kaiser proklamiert.

Jetzt war mein Gottesgewissen beruhigt und der Entschluß stand fest. Die halbe Stunde Bedenkzeit war auch vorüber, und ich meldete dem Ministerialrat im Reichsinnenministerium mit den Worten:»Es gibt in ganz Preußen-Deutschland nur einen Ort, an dem der erste Reichstag des nationalsozialistischen Staates eröffnet werden kann, nämlich die Garnisonkirche in Potsdam.« Auf diese Meldung blieb ich Augenblicke lang ohne jede Antwort. Dann aber fielen nur die Worte:»Ich gehe sofort zum Minister, halten Sie sich weiter bereit.«

Nach einer Stunde erhielt ich den Auftrag des Reichsministers Dr. Frick, unverzüglich in seinem Auftrag das Einverständnis der Kirchengemeinde herbeizuführen, eine Reihe baulicher Fragen zu klären und abends um 10 Uhr vom Erfolge Meldung zu erstatten.

Ich nahm mir nun in der nächsten Stunde zu Bundesgenossen den Kirchenältesten Fritz Werner für die Zivilgemeinde der Garnisonkirche, den Divisionspfarrer Koblanck[5] für die Militärgemeinde und für die Klärung der baulichen Fragen den mir befreundeten Stadtverordneten Mangelsdorff[6]. Alle drei gingen mit einer inneren Begeisterung an das Werk.

Im Laufe des Nachmittags verständigte ich über meinen Vorschlag und den darauf vom Reichsinnenminister erhaltenen Auftrag meinen Oberbürgermeister Rauscher[7] und den als Nationalsozialist für die bevorstehende Stadtverordnetenwahl kandidierenden General Friedrichs[8], die beide meinen Plan guthießen.

Abends um 10 Uhr konnte ich dem Reichsinnenminister fernmündlich die Meldung erstatten, daß das Einverständnis beider Kirchengemeinden vorläge und daß auch die baulichen Fragen zur Zufriedenheit gelöst werden könnten. Darauf wurde mir ein strenges Schweigeverbot auferlegt.

Am nächsten Mittag um 2 Uhr verkündete der Deutschlandsender:»Das Reichskabinett hat unter dem Vorsitz des Reichskanzlers soeben den Beschluß gefaßt, den ersten Reichstag des nationalsozialistischen Staates in der Garnisonkirche in Potsdam zu eröffnen.« Am gleichen Abend verkündeten Reichsminister Goebbels

5 Dvisionspfarrer Kurt Koblanck, Potsdam.
6 Wahrscheinlich: Regierungsbauinspektor Hermann Mangelsdorf.
7 Oberbürgermeister Dr. Arno Rauscher (DNVP) war bis zum 1.4.1934 im Amt.
8 Generalmajor a.D. Hans Friedrichs, Kreisleiter der NSDAP, Oberbürgermeister von Potsdam vom 1.4.1934 bis 25.4.1945.

in einer letzten Wahlversammlung im Berliner Sportpalast und Reichminister Seldte in einer gleichen Versammlung in Hannover diesen Kabinettsbeschluß.

Der Reichskanzler gab dem bedeutsamen Entschluß folgendes Geleitwort:»Es gibt kein höheres Symbol als das nach dem Verbrechen im Reichstage jetzt die nationale Regierung nach Potsdam geht, um an der Bahre des großen, unsterblichen Königs in der Garnisonkirche das neue Werk des deutschen Wiederaufbaues zu beginnen.«

Zugleich mit der Bekanntgabe des Kabinettsbeschlusses wurde für die Garnisonkirche eine strenge polizeiliche Überwachung angeordnet.

Die Nachricht vom Kabinettsbeschluß schlug wie ein Blitz in die Bevölkerung der Stadt und in die Köpfe von zahlreichen Behördenvertretern, die sich plötzlich sämtlich zuständig fühlten für die nach dem Kriege manches Mal als Stiefkind behandelte altehrwürdige Kirche. Es folgten drei Tage der »gekränkten Eitelkeiten«, an denen es bei mir Anrufe und Vorwürfe hagelte von mehreren Dutzenden Ober- und Unterinstanzen, die sich durch meinen freimütigen schnellen Vorschlag, der nun bekannt geworden war, sämtlich zurückgesetzt fühlten.

Potsdamer Tageszeitung vom 19.6.1936.[9]

9   Ein Jahr später wurde der Erinnerungsbericht mit einigen Änderungen erneut veröffentlicht, so wurde aus »Gottesgewissen« – »Gewissen« und der letzte Absatz über die Reaktion in der Potsdamer Bevölkerung und den Behörden weggelassen. Vgl. Friedrich Bestehorn, Der »Tag von Potsdam« und seine Vorgeschichte. In: Mitteilungen des Vereins für die Geschichte Potsdams. Neue Folge, Bd. VII, Heft 4, Potsdam 1937, S. 219 ff.

(16) Aus der Pressemeldung zur Sitzung des Reichskabinetts am 2. März 1933

Das Reichskabinett, das heute mittag um 12 Uhr zusammengetreten ist, hat eine Reihe sehr wichtiger und einschneidender Beschlüsse gefaßt. Das Kabinett hat zunächst beschlossen, daß die erste Sitzung des neuen Reichstags in Folge der Unmöglichkeit der Abhaltung von Sitzungen im Reichstagsgebäude in der Potsdamer Garnisonkirche stattfinden soll.

Über die weiteren Sitzungen des Reichstags ist noch keine Entscheidung getroffen, auch nicht über die Frage, inwieweit außerhalb des Reichstagsgebäudes für Sitzungen der Ausschüsse und für Arbeiten der Abgeordneten besondere Räume zur Verfügung gestellt werden sollen.

Berliner Lokal-Anzeiger, Abendausgabe, Berlin vom 2.3.1933.

(17) Aus der Meldung des »Völkischen Beobachters« über die Fortsetzung der Polizeimaßnahmen im Inland am 2. März 1933

Die Polizeiaktionen im Reich werden tatkräftig fortgesetzt. In allen Städten nimmt die Polizei zahlreiche führende Kommunisten fest, allein im Rheinland rund 1200 und in Westfalen 850. Etwa ein Drittel sind militärische Führer. Die Polizei beschlagnahmt hetzerische und verbotene Zeitungen, Flugblätter und sonstige Druckschriften. Kommunistische und sozialdemokratische Versammlungen werden verboten und aufgelöst. Waffenlager werden aufgedeckt und in zahlreichen Städten ist die Hilfspolizei, bestehend aus SA und SS, eingesetzt worden. Die beschlagnahmten Flugblätter gehen in die Millionen und Abermillionen. ...

Der marxistische Wille zum Bürgerkrieg wird brutal und rücksichtslos gebrochen und alle illegalen Bestrebungen zur Herbeiführung des kommunistischen Chaos werden mit Stumpf und Stiel ausgerottet.

Völkischer Beobachter vom 3.3.1933.

(18) Berichtigung der Meldung über die Bildung der »Hilfspolizei« im Regierungsbezirk Potsdam in der »Potsdamer Tageszeitung« am 2. März 1933

Die in der Nr. 51 der Potsdamer Tageszeitung mitgeteilte amtliche Pressenachricht des Regierungspräsidenten über die Aufstellung der Hilfspolizei im Regierungsbezirk Potsdam ist durch ein technisches Versehen mit einer nicht vom Regierungspräsidenten stammenden Mitteilung verbunden worden. Die amtliche Mitteilung des Regierungspräsidenten lautet vielmehr:

»Auf Weisung des Herrn Ministers des Innern ist für den Regierungsbezirk eine Hilfspolizei aufgestellt worden, die an weißen Armbinden mit der Aufschrift »Hilfspolizei« und dem Stempel der Polizeibehörde kenntlich ist. Die Beamten der Hilfspolizei, die von mir auf Grund des § 13 des Polizeiverwaltungsgesetzes von 1.6.1931 bestätigt sind, führen einen Ausweis mit Lichtbild bei sich. Den Anweisungen der Hilfspolizeibeamten ist ebenso

wie den Anweisungen der staatlichen und kommunalen Polizeibeamten Folge zu leisten.«

Wie der Regierungspräsident ferner mitteilt, ist die Hilfspolizei
in Potsdam aufgestellt worden und wird morgen von ihm besichtigt.[1]

Potsdamer Tageszeitung vom 2.3.1933.

1 Zur Hilfspolizei in Potsdam gehörten je 35 SA-, SS- und Stahlhelm-Männer.

*(19) Aus dem Sofortbericht von Dr. Georg Kaisenberg, Ministerialrat
im Reichsministerium des Innern, an Reichsinnenminister
Dr. Wilhelm Frick vom 4. März 1933 über Meinungsverschiedenheiten
mit Vertretern der Evangelischen Kirche über die Nutzung der
Garnisonkirche zur Eröffnung des Reichstages*

Alsbald nach Bekanntwerden der Nachricht, daß für den Reichstag die Garnisonkirche in Potsdam in Aussicht genommen sei,
setzten dagegen Bestrebungen ein, die von der streng kirchlichen
Richtung ausgingen. Im besonderen wurde seitens der kirchlichen Oberbehörde geltend gemacht, daß die Kirchengemeinde
der Zustimmung der kirchlichen Oberbehörde bedürfe, wenn sie
die Kirche zu anderen als kirchlichen Zwecken zur Verfügung
stellen wolle. Die Persönlichkeiten des Gemeidekirchenrates, die
in den ersten Besprechungen ihre Zustimmung gegeben hatten,
vielen zum Teil um. Der Präsident und der geistliche Vizepräsident des EOK /Evangelischen Oberkirchenrates/[1] baten sofort
um Audienz beim Reichspräsidenten, die ihnen auch für gestern
nachmittag gewährt wurde. ...

In der Garnisonkirche selbst waren erheblich mehr Persönlichkeiten anwesend, als ursprünglich verabredet.[2] Im besonderen
war Generalsuperintendent Dibelius[3] anwesend, der sofort seine
kirchlichen Bedenken zum Ausdruck brachte. Es sei schwer trag-
bar für die Kirche, da doch sicherlich mit Radauszenen seitens
der Kommunisten, vielleicht auch mit Lärmszenen seitens der in

1 Präsident des Evangelischen Oberkirchenrates war Dr. Hermann Kapler, Vizepräsident Dr. Georg Burghart.
2 Anwesend in der Garnisonkirche waren mehr als 10 Personen. Von staatlicher
  Seite waren u.a. der Direktor und die Oberbauräte des Reichstags, der Infanterieführer des Wehrkreises III, der Potsdamer Oberbürgermeister Dr. Arno
  Rauscher und Obermagistratsrat Dr. Friedrich Bestehorn dabei.
3 Dr. Dr. Otto Dibelius, Generalsuperintendent der Kurmark seit 1926, seit 1933
  leitend in der Bekennenden Kirche tätig.

schärfster Opposition stehenden SPD zu rechnen wäre. Ich versuchte diese Bedenken abzuschwächen, indem ich darauf hinwies, daß durch eine entsprechend scharfe und energisch gehandhabte Geschäftsordnung sicherlich für eine Geschäftsführung gesorgt werden würde, die dem Charakter der Kirche, im besonderen dem Charakter des nationalen Heiligtums Rechnung tragen würde. Herr Dibelius ließ sich aber nicht umstimmen. Die Anwesenden Kirchengemeindemitglieder erklärten mir, daß sie keine Schwierigkeiten machen würden, ließen auch durchblicken, daß es wohl der Regierung gelingen könnte und müßte, die Bedenken der kirchlichen Oberbehörde zu zerstreuen.

Herr Dibelius war aber durchaus für einen Kompromiß bereit und schlug vor, eine feierliche Eröffnungssitzung in der Garnisonkirche zu halten und alsdann von dort in einen anderen Beratungsraum zur Aufnahme der geschäftlichen Verhandlungen zu gehen.

Als Verhandlungsraum außerhalb der Garnisonkirche kommt nur der Lange Stall[4] in Betracht, in dem sich ein Plenarsitzungssaal recht gut einbauen läßt. Der Lange Stall liegt unmittelbar vis-à-vis der Garnisonkirche. In den anschließenden Räumen der Oberrechnungskammer könnten Arbeitsräume und Büros usw. untergebracht werden. Für Fraktionsberatungszimmer, Fraktionsbüros usw. würde das Schinkel-Palais zur Verfügung stehen, das jetzt vom Zivilkasino angemietet ist. Dieses Gebäude ist sehr geräumig, hat zahlreiche Säle usw., liegt auch ganz nahe am Langen Stall.

Die Kosten der Einbauten für den Langen Stall werden von der Reichsbaudirektion auf r/un/d 110 000 RM geschätzt.

Nach Rückkehr aus Potsdam unterrichtete mich Herr Staatssekretär Meißner[5] persönlich dahin, daß der Herr Reichspräsident seine Zustimmung zur Hergabe der Garnisonkirche nicht geben würde. Der Herr Reichspräsident steht auf dem Standpunkt, daß am Grabe Friedrich des Großen unmöglich politische Debatten geführt werden dürften. Die Garnisonkirche sei ein besonderes nationales Heiligtum nicht nur wegen der Grabstätte des großen Königs, es würden dort auch die alten Fahnen der beiden bran-

---

4   Der Lange Stall war ein ehemaliges Exerzierhaus, 1781 in klassischem Stil mit dorischen Säulen gebaut.

5   Dr. Otto Meißner, 1924/34 Chef der Präsidialkanzlei beim Reichspräsidenten Hindenburg, 1934/45 Chef der Präsidialkanzlei bei Hitler, ab 1937 als Reichsminister.

denburgischen Armeekorps aufgestellt sein. Der Herr Reichspräsident wäre nur damit einverstanden, wenn der Eröffnungsgottesdienst in der Garnisonkirche gehalten würde.

Ich unterrichtete Herrn Staatssekretär Meißner auch über das Ergebnis unserer Besprechungen in Potsdam und schlug folgende Regelung vor: Zunächst um 11 Uhr Gottesdienste. Ein evangelischer in der Garnisonkirche, ein katholischer in der katholischen Kirche. Um 12 Uhr feierlicher Staatsakt in der Garnisonkirche. Anschließend daran um 1 Uhr Eröffnung des Reichstages im Langen Stall. ... Der Herr Reichskanzler ist mit dem Herrn Reichswehrminister für Dienstag morgen zum Herrn Reichspräsidenten gebeten. Der Herr Staatssekretär Meißner hält persönlich meinen Vermittlungsvorschlag für geeignet und will versuchen, hierfür den Herrn Reichspräsidenten zu gewinnen unter Hinweis auf die frühere Übung, wonach im Anschluß an die Gottesdienste die Eröffnung des Reichstags im Weißen Saal durch den Kaiser erfolgte und dann erst im Reichstagsgebäude die geschäftlichen Verhandlungen einsetzten. Herr Staatssekretär Meißner betont noch, daß die Entschließung des Reichspräsidenten ganz ausschließlich auf seine eigene Auffassung und keineswegs durch die Vorstellung von Präsident Kapler bestimmt worden sei. Der Herr Reichspräsident hätte die Demarche der Vertreter der Kirche nur entgegengenommen.

BA Potsdam, Reichsministerium des Innern (im folgenden: RMdI), Nr. 25032, Bl. 10 ff.

(20) Protestbrief von Otto von Roeder, Major a/ußer/ D/ienst/, an den Gemeindekirchenrat der Garnisonkirche in Potsdam und zugleich an den Vizekanzler Franz von Papen vom 4. März 1933 gegen die Nutzung der Kirche durch den Reichstag

Wenn ich auch jetzt leider nicht mehr zur alten Soldatengemeinde gehöre, so glaube ich als geborener Potsdamer und als einer, der fast 30 Jahre als Offizier des 1. Garde-Regiments mit der Garnisonkirche fest verbunden war, doch ein Recht zu diesem Brief zu haben, umso mehr, als diese Angelegenheit weit über den Rahmen der Garnison-Gemeinde hinausgeht.

Zeitungsnachrichten zufolge soll geplant sein, die erste Sitzung des Reichstages nach der Wahl in der Garnisonkirche stattfinden zu lassen. Es wurde ferner behauptet, die Geistlichen der Garnisonkirche hätten bereits ihre Zustimmung hierzu gegeben. Das letztere kann ja schon deswegen nicht der Fall sein, weil – soweit ich unterrichtet bin – hierzu erst der Gemeindekirchenrat die Erlaubnis geben müßte, was bis jetzt wohl noch nicht geschehen ist.

Daß der Gemeindekirchenrat seine Zustimmung geben könnte, halte ich eigentlich für ausgeschlossen, weil nach den kirchlichen Bestimmungen, getreu den Worten Christi »Mein Haus ist ein Bethaus« die Kirche nur für die Abhaltung von Gottesdiensten, zweifellos aber nicht für politische Versammlungen bestimmt ist.

Das in der Presse angeführte Beispiel von der Paulskirche in Frankfurt a/m/ M/ain/ aus dem Jahre 1848 ist für uns nicht beweiskräftig, umso weniger, als die politischen Verhandlungen im Parlament damals zunächst nicht derartig undiszipliniert und unwürdig verliefen, wie jetzt, die dann allerdings in Frankfurt später sogar Formen annahmen, die das Gotteshaus entweihten.

Glaubt man denn, durch die Wahl am 5. März die sozialistischen Parteien restlos aus dem Parlament zu verbannen? Oder glaubt man, daß ein etwaiges Verbot der Kommunistischen Partei allein einen würdigen Verlauf einer Reichstagstagung in der Garnisonkirche sichert? Gerade wenn, wie es denkbar wäre, hierbei etwa die Auflösung des Reichstages auf lange Zeit verkündet wird, so würden die Sozialdemokraten aller Schattierungen sich sogar besonders darauf freuen, sich in der ehrwürdigen Garnisonkirche einen guten Abgang zu sichern. Will der Gemeindekirchenrat die große Verantwortung auf sich nehmen, daß unsere Garnisonkirche, in der man sich sonst nur ehrfurchtsvoll im Flüstertone verständigt, ein Tummelplatz politischer Leidenschaften wird, und daß dadurch der Grabfrieden zweier preußischer Könige gestört und entweiht wird? Wer aber könnte die Gewähr für einen ruhigen Verlauf übernehmen, auch wenn die Kirche von außen her noch so gut geschützt wird?

Der Gedanke, an diesem Wendepunkte deutscher Geschichte, der jetzt zu beginnen scheint, den Geist von Potsdam anzurufen, und deswegen den Reichstag zeitweilig nach Potsdam zu verlegen, ist gewiß schön, und auch ich freue mich von Herzen darüber! Aber warum wählt man zu dieser Tagung gerade die Kirche? Möge die Reichsregierung, bevor der Reichstag eröffnet wird, sich Kraft und Segen von oben holen durch einen feierlichen Kirchgang, möge später nach Vollendung des heiligen Rettungswerkes vor der Gruft des großen Königs der Dankchoral von Leuthen erklingen und vom Turm herab das »Lobe den Herrn« in allen dankbaren deutschen Herzen hineinläuten, und »Üb immer Treu und Redlichkeit« wieder die Richtschnur für alle Deutschen werden!

Meine Ausführungen mögen unter keinen Umständen als Opposition gegen die jetzige Regierung gewertet werden; im Gegenteil, ich sollte meinen, daß sie ganz im Sinne ihrer Zielsetzung sind, denn diese Regierung stellte zur Freude jedes wahren Deutschen als erste seit dem 9. November 1918 amtlich auf den Boden christlicher Weltanschauung und göttlicher Gesetze.

BA Potsdam, RMdI, Nr. 25032, Bl. 68 f.

(21) Aus einer Aktennotiz von Dr. Georg Kaisenberg, Ministerialrat im Reichsministerium des Innern, für den Reichsinnenminister vom 4. März 1933 über eine Aussprache mit Dr. Dr. Otto Dibelius über die Nutzung der Garnisonkirche

Ich habe heute Herrn Generalsuperintendenten Dibelius gesprochen. Er glaubt, daß für folgende Regelungen die Zustimmung des Evangelischen Oberkirchenrats zu erreichen sein wird.

1. Möglichkeit: 11 Uhr evangelischer Gottesdienst in der Garnisonkirche. …

Variante zu dieser Möglichkeit: Der evangelische Gottesdienst findet in der Nikolaikirche statt (von Schinkel erbaut). Diese Variante hat den Vorzug, daß die Parität zum katholischen Teil stärker gewahrt ist, weil dann nur der Staatsakt in der Garnisonkirche sich abspielt.

2. Möglichkeit: Nach dem nach Konfessionen getrennten Eröffnungsgottesdienst findet ein Staatsakt in der Garnisonkirche statt …

Herr Dibelius glaubt, wenn die eine oder andere Möglichkeit gewählt werden würde, daß der Oberkirchenrat zustimmen würde.

BA Potsdam, RMdI, Nr. 25032, Bl. 12 und Rückseite.

(22) Meldung in der »Berliner Börsen-Zeitung« vom 5. März 1933 über die Verhandlungen zur Nutzung der Garnisonkirche

Über den Weitergang der Verhandlungen zwischen den Reichsbehörden und den für die Garnisonkirche zuständigen Stellen wegen der beabsichtigten Potsdamer Tagung des neuen Reichstages erfahren wir von maßgebender Stelle noch folgendes:

Die Rechtslage ist in diesem Fall etwas kompliziert. Die Garnisonkirche ist zwar Eigentum des preußischen Staates, aber ihr Benutzungsrecht steht ausdrücklich zu gleichen Teilen der Zivilgemeinde und der Militärgemeinde zu. Die Zivilgemeinde ressortiert beim Evangelischen Oberkirchenrat, die Militärgemeinde bei den zuständigen Militärbehörden, in erster Linie beim Feldprobst der Armee. Es besteht nun die Tatsache, daß der Oberkirchenrat aus religiösen Erwägungen heraus starke Bedenken dagegen hat, außer der eigentlichen Eröffnungssitzung, gegen die nicht das geringste eingewendet wird, auch regelrechte Reichstagsverhandlungen in dem Gotteshaus zu veranstalten, weil man die Austragung etwaiger parteipolitischer Auseinandersetzungen über dem Grabe Friedrich des Großen und an einer dem Gottesdienst geweihten Stätte ablehnt. Über den zu erwartenden Antrag der Reichsregierung auf Überlassung der Kirche wird jetzt zuerst die Zivilgemeinde abstimmen, deren Entscheidung aber vom Oberkirchenrat widerrufen werden kann, weil es sich hier um eine Frage der außerkirchlichen Benutzung des Gotteshauses handelt. Auf der anderen Seite wird voraussichtlich der Feldprobst der Armee seine Entscheidung treffen. Die Verhandlungen in allen diesen Fragen werden Anfang der kommenden Woche fortgesetzt.

Berliner Börsen-Zeitung vom 5.3.1933.

(23) Aus dem Eigenbericht der »Deutschen Allgemeinen Zeitung«
über den Verlauf des Wahltages für die Reichstagswahl
am 5. März 1933 in Berlin

Der Wahlsonntag ist in Berlin ruhig verlaufen, ruhiger noch, als sein letzter Vorgänger, am ruhigsten von allen sechs Wahlsonntagen, die wir in den letzten zwölf Monaten erlebt haben.[1] Schon äußerlich war das Bild dieses Tages ein vollkommen anderes: Man sah nur schwarzweißrote und Hakenkreuz-Fahnen, beide in ungeheuer großer Zahl, nicht selten auch eine Kombination von beiden. Rote Fahnen sah man nirgends, weder die mit dem Sowjetstern noch den drei Pfeilen[2], selbst nicht im Norden oder Osten

1 Am 5.3. wurden in Berlin 71 Personen festgenommen, 51 davon blieben in Haft.
2 Symbol der Eisernen Front, die am 16.12.1931 aus SPD, Gewerkschaften, Reichsbanner und Arbeitersportverbänden zur Verteidigung der Weimarer Republik gebildet worden war.

der Stadt. Ob sie offiziell verboten oder inoffiziell nicht geduldet waren, entzog sich selbst der genauen Kenntnis amtlicher Stellen.

... Die Polizei, verstärkt durch hauptsächlich der SA entnommene Hilfspolizei, stand während des ganzen Tages in höchster Alarmbereitschaft. Überall begegnete man den Streifen, die im Regierungsviertel und vor den Wahllokalen mit Karabinern ausgerüstet waren. Auch berittene Polizei und Radfahrpatrouillen waren in stärkerem Umfange als sonst eingesetzt. ... In den ersten Nachmittagsstunden überflog ein Geschwader von fünf dreimotorigen Flugzeugen, mit Fahnen geschmückt, die Innenstadt und einige Außenbezirke. Kurz vor Beendigung der Wahlhandlung wurde bekannt, daß die Wahlbeteiligung in den meisten Stimmlokalen achtzig Prozent erheblich überschritten, in nicht wenigen sogar neunzig Prozent erreicht hätten.

Deutsche Allgemeine Zeitung, Reichsausgabe, Berlin vom 7.3.1933.

(24) Bericht des Potsdamer Polizeipräsidiums
über den Verlauf des Wahltages für die Reichstagswahl
am 5. März 1933 in Potsdam

Der gestrige Wahltag ist ruhig verlaufen. Am Sonnabend und Sonntag /4. und 5.3./ fanden zahlreiche Durchsuchungen bei Angehörigen der KPD in Potsdam und Nowawes statt, die jedoch zu einem nennenswerten Ergebnis nicht geführt haben. Es wurden in den letzten Tagen insgesamt 33 Personen wegen kommunistischer Betätigung festgenommen, von denen sich noch 24 in Haft befinden. In der Nacht von Sonntag zu Montag /5. – 6.3./ wurden eine Schaufensterscheibe des Potsdamer Volksblattes, des Kaufhauses am Wilhelmplatz und der Eiergroßhandlung Ferzt eingeschlagen. Die Ermittlungen sind im Gange.

Potsdamer Tageszeitung vom 6.3.1933.

(25) Aus dem amtlichen Wahlergebnis der Reichstagswahl vom 5. März 1933 (Wahlergebnisse in Prozent und errungene Mandate)

Partei	Berlin	Potsdam I +	II[1]	Deutsches Reich	Mandate
NSDAP	31,3	44,4	38,2	43,9	288
DNVP[2]	9,1	11,0	14,0	8,0	52
DVP[3]	0,5	0,8	1,5	1,1	2
Zentrum	4,7	2,8	5,2	11,2	74
+ BVP[4]	–	–	–	2,7	18
DSP[5]	1,3	0,9	2,4	0,9	5
SPD	22,5	20,8	20,6	18,3	120
KPD	30,1	18,0	17,8	12,3	81

Deutscher Reichsanzeiger und Preußischer Staatsanzeiger, Berlin, Nr. 65 vom 17.3.1933.

1 Der Wahlkreis Potsdam I umfaßte die Mehrheit des Regierungsbezirkes Potsdam mit der Stadt Potsdam und acht Teilen von Berlin; zu II gehörten zehn andere Teile Berlins und zwei Kreise des Regierungsbezirkes Potsdam.
2 Deutschnationale Volkspartei (Kampffront Schwarz-weiß-rot).
3 Deutsche Volkspartei.
4 Bayrische Volkspartei; kandidierte nur in Bayern.
5 Deutsche Staatspartei (bis 1930 Deutsche Demokratische Partei).

(26) Aus den »Anordnungen für den Sicherheitsdienst der politischen und der Kriminalpolizei des Polizeipräsidiums Potsdam für die Feierlichkeiten am 21. März 1933«, verfaßt von Kriminalpolizeirat Peter Degner vom Polizeipräsidium Potsdam nach dem 6. März 1933 (undatiert)

I. Vorbereitende Maßnahmen.

Mehrfache, genaue Durchsuchungen der Garnison-, Nikolai- und katholischen Kirche auf Feuergefahr, Sabotage, Einschleich- möglichkeiten usw., Kontrolle der besonders unter der Garnison- und der Nikolaikirche befindlichen Kanäle und noch nicht ver- mauerten unterirdischen Gänge. Beobachtungen der Lokale, Bahnhöfe, Hotels, Gasthöfe und besonders eingehende Kontrolle der Herbergen, sowie Absteigequartiere usw. Die Kommunisti- schen Funktionäre sind bis jetzt in einer Zahl von ca. 50 bereits festgesetzt, trotzdem weitere Beobachtung nach Neuernennungen von 5 Männer-Gruppenführer pp[1]. – Razzien in den großen Laubengeländen in Nowawes und im Sonnenland haben bereits stattgefunden, weitere Beobachtungen des Verkehrs in diesen verdächtigen Gebieten. – Die Potsdamer SA und SS ist angewiesen, auf Neuzuziehende in den einzelnen Häusern zu achten und beim Auftauchen verdächtiger Gestalten sofort hierher Mitteilung zu machen. Die Landespolizeibehörde ist veranlaßt worden, durch einen besonders hierfür bestimmten Offizier für möglichst starkes Aufstellen von Hilfspolizei und sofortige Inhaftierung aller verdächtigen staatsfeindlichen Elemente, die sich in der näheren oder weiteren Umgebung Potsdams bemerkbar machen, zu sorgen. Diese Maßnahme hat bereits zur Festnahme von etwa 30 Funktionären der KPD im Kreis Zauch-Belzig geführt.

Die Besitzer – Verwalter – der Grundstücke, an welchen der Festzug vorbeikommt, haben eine polizeiliche Verfügung nach Anlage A erhalten.

II. Maßnahmen am 21. März 1933.

Am Abend vorher sind alle drei Kirchen nach nochmaliger eingehender Durchsuchung für jeden Zutritt gesperrt. In den frühen Morgenstunden des 21.3., vor Einlaß des Publikums, findet eine nochmalige Begehung durch Kriminalbeamte statt. Ferner werden alle drei Kirchen in der Nacht zum 21.3. mehrfach durch Abhörtrupps der Reichswehr auf Klopfgeräusche (Minierarbeit) kontrolliert. Reichswehr und Luftpolizei sorgen für die Abwendung von Angriffen aus der Luft. Die Brücken werden durch die Wasserschutzpolizei gesichert. Für die Morgenstunden ist ein besonderer Beobachtungsdienst der Zugangsstraßen auf verdächtige Radfahrer, Motorradfahrer und Autos eingeteilt.

Für den besonderen Dienst stehen am 21.3.33 zur Verfügung: 1 Kriminalrat, 3 Potsdamer, 6 Berliner Kriminalkommissare und dazu 35 Potsdamer Beamte der politischen und Kriminalpolizei,

150 Beamte der Berliner Kriminalpolizei

120 Helfer von der SA

30 Helfer vom Stahlhelm

30 Schutzpolizeibeamte mit Karabinern zur Sicherung der Dächer.[2]

BLHA, Potsdam, Pr. Br. Rep. 2 A I Pol., Nr. 627/2, Bl. 89 f.

1 pp. – lateinische Abkürzung für perge – perge fahre fort.
2 Die Anordnungen enthielten ferner Dienstpläne für die Veranstaltungen in den Kirchen, für den Sicherungsdienst in der Innenstadt und für den Umgang mit den Fotografen.

*(27) Aus der Pressemeldung zur Sitzung des Reichskabinetts
am 7. März 1933*

Das Reichskabinett hat in seiner Sitzung vom Dienstagabend, der ersten Beratung nach den Wahlen vom 5. März, beschlossen, daß der neugewählte Reichstag in der Zeit vom 3. bis zum 8. April zusammentreten soll. Die feierliche Eröffnungssitzung findet, wie schon angekündigt, in der Potsdamer Garnisonkirche statt. Der Raum für weitere Tagung des Parlaments steht noch nicht fest; die Garnisonkirche kommt dafür auf keinen Fall in Frage, auch gegen den »Langen Stall« bestehen Bedenken, vorwiegend bautechnischer Art.

Vor dem Zusammentritt des neuen Parlaments finden Gottesdienste für die Abgeordneten statt, und zwar in der evangelischen Nikolaikirche sowie in der katholischen Stadt-Pfarrkirche. Reichspräsident v/on/ Hindenburg wird am Eröffnungstage des neuen Reichstages am Grabe Friedrich des Großen in der Garnisonkirche einen Kranz niederlegen.

In der Kabinettssitzung erstattete Reichskanzler Hitler einen ausführlichen Bericht über die durch den 5. März geschaffene politische Lage. Er hob hervor, daß nunmehr eine großzügige Propaganda und Aufklärungstätigkeit einsetzen müsse, damit keine politische Lethargie aufkomme. Diese Aufklärungstätigkeit müsse von einer neu zu errichtenden Zentrale ausgehen. Diese Andeutung des Kanzlers bezieht sich auf die schon mehrfach angekündigte Einrichtung eines besonderen Ministeriums für Propaganda und Rundfunk.[1]

Reichskanzler Hitler betonte ferner die Notwendigkeit einer einheitlichen Politik in Reich und Ländern. Dem Reichstag wird, wie das Kabinett ausdrücklich beschlossen hat, ein verfassungsänderndes Ermächtigungsgesetz vorgelegt werden. Dazu ist eine Zweidrittelmehrheit erforderlich.

Deutsche Allgemeine Zeitung vom 8.3.1933.

1   Der Reichspräsident ernannte am 13.3.1933 auf Veranlassung Hitlers Dr.
    Joseph Goebbels zum Reichsminister für Volksaufklärung und Propaganda.

(28) Amtliche Stellungnahme vom 8. März 1933 zur kritischen
Berichterstattung von ausländischen Journalisten über die Vorgänge
in Deutschland

Angesichts der böswilligen Berichterstattung über die innerdeutschen Vorgänge in der ausländischen Presse waren seitens der Reichsregierung ernste Maßnahmen gegen eine Anzahl von Auslandskorrespondenten in Vorbereitung. Ein Teil der fraglichen Korrespondenten hat sich dem Zugriff der Polizei durch Abreise entzogen. Was die übrigen Korrespondenten anlangt, so liegt von diesen nunmehr die Zusicherung vor, in Zukunft in ihrer Berichterstattung sich jeder böswilligen Tendenz zu enthalten und Zweideutigkeiten zu vermeiden. Im Hinblick hierauf und auf die einsichtigere Beurteilung der hiesigen Vorgänge im Ausland sind die fraglichen Korrespondenten zunächst von der Ausweisung verschont geblieben, es ist ihnen vielmehr eine Bewährungsfrist von zwei Monaten zugebilligt worden.

Völkischer Beobachter vom 9.3.1933.

(29) Aus der Pressemitteilung über Entscheidungen zur Vorbereitung
des »Tages von Potsdam« durch Adolf Hitler, Hermann Göring und
Dr. Wilhelm Frick am 8. März 1933

Der Reichstag wird sich – eine völlige Überraschung nach den Dispositionen der letzten Kabinettsitzung – voraussichtlich bereits am 21. März versammeln. Ein feierlicher Staatsakt als Einleitung der Arbeiten des neuen Parlaments wird in der Potsdamer Garnisonkirche vor sich gehen. Die eigentliche Tagung soll auf Entscheidung des Reichskanzlers und des Reichstagspräsidenten Göring in der Kroll-Oper in Berlin stattfinden. ...
    Die Entscheidung über die Änderung der Pläne für den Reichstagszusammentritt fiel bei einem Besuch, den Reichskanzler Hitler, Reichstagspräsident Göring und Reichsinnenminister Dr. Frick am Mittwoch /8.3./ der Garnisonkirche in Potsdam abstatteten. Es wurden ausführliche Besprechungen über die Vorbereitung für den zur Reichstagseröffnung geplanten feierlichen Staatsakt mit den zuständigen kirchlichen und staatlichen Stellen gepflogen. Als Vertreter der Kirche waren der Präsident des Evangelischen Oberkirchenrates Dr. Dr. Kapler und der Geistliche Vizepräsident Dr. Burghart erschienen. Im Anschluß an den Besuch der Garnisonkirche wurde der »Lange Stall« in Potsdam, dann

das Kroll-Theater in Berlin besichtigt, die beide für die Plenar-sitzungen des Reichstags in die engere Wahl kamen.

Die Entscheidung fiel zugunsten des Kroll-Theaters, da der beschleunigte Zusammentritt des Reichstags für dringend geboten angesehen wurde und der Ausbau des »Langen Stalls« einige Wochen beanspruchen und auch mit erheblichen Kosten verbunden wäre.

Deutsche Allgemeine Zeitung vom 10.3.1933.

(30) Pressemeldungen über das Hissen der Hakenkreuzfahne auf öffentlichen Gebäuden in Berlin am 8. März 1933

Aus dem ganzen Reich laufen weiter ununterbrochen Meldungen ein, daß an allen Orten Rathäuser und andere öffentliche Gebäude beflaggt worden sind. In der Reichshauptstadt wurden auch auf der Siegessäule und auf dem Brandenburger Tor das Hakenkreuzbanner und schwarz-weiß-rote Fahnen gehißt.

Der Rektor der Berliner Universität[1] hat sich, wie wir erfahren, veranlaßt gesehen, die Hochschule zu schließen, weil die Hakenkreuzflagge auf dem Gebäude der alma mater gehißt worden sei. Die Maßnahme des Rektors der Universität hat allgemeine Empörung und Erbitterung unter der Studentenschaft erregt. Tatsächlich durfte der Rektor diese Maßnahme auch nicht aufrechterhalten, zumal sie im Widerspruch zu dem inzwischen bekanntgewordenen Erlaß des Reichsministers Göring steht, nach dem das Flaggen mit Hakenkreuz- und schwarz-weiß-roten Fahnen auf öffentlichen Gebäuden nicht unterbunden werden soll.[2]

Völkischer Beobachter vom 9.3.1933.

1 Rektor war Prof. Dr. Eduard Kohlrausch (1874–1948), ein Strafrechtsexperte, parteilos, Mitglied im Republikanischen Lehrerbund. Wegen seines Eintretens zugunsten jüdischer Wissenschaftler wurde er mehrfach von Nazistudenten angegriffen. Er legte im Mai 1933 das Rektorat nieder, behielt aber sein Lehramt an der Juristischen Fakultät.
2 Der Erlaß Görings sollte die Flaggenhissung in Preußen für den Volkstrauertag am 12.3. regeln; eine Verordnung des Reichspräsidenten vom 12.3. bestimmte das gemeinsame Hissen beider Fahnen aus gegebenem Anlaß für das Deutsche Reich.

(31) Eigenmeldung der »Potsdamer Tageszeitung« vom 9. März 1933
zu umlaufenden Gerüchten über einen Anschlag auf die Garnison-
kirche und deren Bewachung[1]

Kürzlich wurde in Nowawes ein Kommunist L. festgenommen,
der gesagt haben sollte, mit der Garnisonkirche müßte es ebenso
kommen wie mit dem Reichstagsgebäude. Dem L. konnte nicht
bewiesen werden, daß er eine solche Bemerkung getan hatte. Abgesehen davon, darf man nicht vergessen, daß es sich in solchen
Fällen oft um ein läppisches Maulheldentum ohne ernsten Hin-
tergrund handelt. – Gott sei Dank!

Außerdem laufen im Publikum allerlei Gerüchte um, nach
denen Sabotage gegen die Kirche, Sprengattentate oder Brand-
stiftung, beabsichtigt seien. Man spricht sogar von derartigen Vorbereitungen unter der Kirche.

Der Leiter der Kriminalpolizei, Kriminalrat Degner, versichert
uns demgegenüber, daß der Polizei bis jetzt solche Machenschaf-
ten nicht bekannt geworden sind und daß die Kirche im übrigen
ständig bewacht, auch innen begangen wird usw. Ein Grund zu
Befürchtungen liege daher keinesfalls vor.

Potsdamer Tageszeitung vom 9.3.1933.

1 Neben dieser Meldung war ein Foto eines Polizisten und eines SA-Hilfspolizi-
sten (mit Armbinde) bei der Bewachung der Kirche abgebildet.

(32) Mitteilung in der »Berliner Börsen-Zeitung« vom
9. März 1933 über die willkürliche Besetzung der Berliner Börse
durch einen SA-Trupp

Um 13 Uhr erschien eine Abteilung der Nationalsozialisten vor
der Börse. Der Sturmführer begab sich zum Börsenvorstand, dessen Absetzung er forderte. Irgendwelcher amtlicher Auftrag
wurde nicht vorgewiesen. Der Sturmführer hatte sodann mit Dr.
Mosler eine längere Unterredung unter vier Augen. Der Börsenvorstand trat um 14 Uhr zu einer Sitzung zusammen.

Der Börsenvorstand teilt mit:

Am heutigen Tage 13 Uhr marschierte eine SA-Truppe auf der
Burgstraße vor dem Börsengebäude auf. Der Vorsitzende des Börsenvorstandes empfing den Führer der Truppe auf dessen Bitte
zusammen mit einigen Börsenbesuchern zu einer Unterredung.
Kurz nach 14 Uhr marschierte die SA-Truppe wieder ab. Der Vorsitzende des Börsenvorstandes ließ alle noch erreichbaren Vor-

standsmitglieder zu einer Sitzung um 14 Uhr zusammenrufen und erstattete über diesen Vorfall Bericht. Der Börsenvorstand nahm diesen Bericht zur Kenntnis, ohne Beschlüsse zu fassen. Wie wir kurz vor Redaktionsschluß erfahren, ist der SA-Sturm gegen 15 Uhr durch die Oberführung Berlin-Brandenburg abberufen worden..

Berliner Börsen-Zeitung, Abendausgabe vom 9.3.1933.

(33) Aus einem Pressebericht über eine antisemitische Aktion von SA-Trupps gegen Warenhäuser der Firmen Tietz, Karstadt und anderer sowie gegen Einheitspreisgeschäfte (Epa) in der Berliner Innenstadt am 9. März 1933

Die Ansammlungen vor den betreffenden Kaufhäusern[1] verstärkten sich im Laufe des Nachmittags, und in einigen Fällen, so in den Epa-Geschäften in der Turmstraße, Rheinstraße und Potsdamer Straße, kam es, wie die Leitung der Epa-Betriebe auf Anfrage mitteilte, zu Zwischenfällen.

Trupps von uniformierten jungen Leuten stürmten in die Betriebe, schrien: 'Juden raus!' und 'Kunden raus!', warfen in einem Fall auch Stinkbomben, so daß sich der Käufer eine große Unruhe und Erregung bemächtigte und viele von ihnen fluchtartig diese Geschäfte verließen. Um weitere Zwischenfälle zu vermeiden, wurde deshalb im Laufe des Nachmittags die vorübergehende Schließung der betreffenden Epa-Filialen angeordnet, zumal die wenigen zur Verfügung stehenden Polizeibeamten der Menge gegenüber machtlos waren, die sich auf der Straße angesammelt hatte.

Während dann am Abend in der Innenstadt, und zwar sowohl in der Umgebung der Leipziger Straße als auch des Alexanderplatzes Beruhigung eintrat, verschärften sich die obengeschilderten Szenen und Demonstrationen in anderen Stadtteilen, so im Westen, wo sowohl das Kaufhaus der Firma Tietz in der Wilmersdorfer Straße als auch die in der Nähe befindliche Woolworth-Filiale schon in der sechsten Abendstunde schließen mußten. Ebenso erging es dem Warenhaus der Firma Tietz in der Belle-Alliance-Straße, wo kurz nach sechs Uhr das Publikum am Betreten sowohl als auch am Verlassen des Gebäudes gehindert wurde,

1 Es betraf u.a. Warenhäuser am Alexanderplatz, in der Leipziger Straße, am Blücherplatz, das »Kaufhaus des Westens« am Wittenbergplatz und die Karstadt-Filiale am Hermannplatz.

so daß die Geschäftsleitung die im Haus befindlichen Käufer durch Hinterausgänge auf die Straße bringen lassen, und dann gegen 1/2 7 Uhr unter andauernden Rufen der Menge, wie 'Juda verrecke!' und 'Deutschland erwache!' das Haus schließen mußte. ...

Ähnliche Meldungen über die gleichen Vorfälle von den Filialen von Großbetrieben, soweit die betreffenden Firmen jüdisch klingende Namen führen, werden auch aus anderen Stadtteilen gemeldet.

Germania vom 10.3.1933.

(34) Mitteilung in der »Potsdamer Tageszeitung« vom 10. März 1933 zur Schließung jüdischer Geschäfte in Potsdam

Abordnungen in nationalsozialistischen Uniformen suchten heute vormittag Warenhäuser und Geschäfte mit jüdischen Inhabern auf, um die Hissung der Hakenkreuzflagge zu verlangen. Die Geschäfte, darunter auch Zeitungsfilialen und Zweigläden von Berliner Großbetrieben, wurden geschlossen. Die verantwortliche Polizeibehörde wird wahrscheinlich für Potsdam die gleiche Regelung wie im Westen des Reiches erreichen. Es ist jedenfalls festzustellen, daß im Potsdamer Geschäftsleben heute eine starke Verwirrung eingetreten ist.

Potsdamer Tageszeitung vom 10.3.1933.

(35) Aus dem Schreiben von Dr. Friedrich von Winterfeldt, Stellvertretender Vorsitzender der Deutschnationalen Volkspartei und Fraktionsvorsitzender im Reichstag, an den Reichskanzler vom 10. März 1933 über die zunehmende Rechtsunsicherheit in Deutschland

Es laufen von verschiedenen Stellen Nachrichten ein, aus denen hervorgeht, daß über die amtlichen Befugnisse eingesetzter Reichskommissare[1] Unklarheiten vorhanden sind. Andere Meldungen besagen, daß trotz der von Minister Göring ergangenen Warnung[2] mancherorts nichtbeamtete Organe politischer Orga-

---

1   Reichskommissare wurden als Ersatz für die aus den Ämtern entfernten Länderminister und Senatoren der SPD in Hamburg, Preußen, Bremen, Hessen, Lübeck, Baden, Sachsen usw. eingesetzt und erhielten Polizeibefugnisse.
2   Göring hatte am 22.2. einen Aufruf zur Wahrung der Disziplin an SA, SS und Stahlhelm gerichtet, den der »Völkische Beobachter« am 23.2.1933 veröffentlichte.

nisationen Maßnahmen treffen, die, wie Verhaftungen, Hausdurchsuchungen, Suspensionen von Beamtenfunktionen usw., nur von Trägern der Reichs- und Staatsgewalt ausgeübt werden dürfen. In der Überzeugung, daß Sie selbst und die gesamte Reichsregierung und die kommissarische Preußenregierung, sowie alle hinter der Regierung stehenden nationalen Parteien und Verbände in dem Wunsch übereinstimmen, daß die gegenwärtige, am 30. Januar eingeleitete nationale Staatsumwälzung in den Bahnen der Disziplin und der Gesetzmäßigkeit verlaufen soll, bitte ich Sie, Maßnahmen der zuständigen Reichs- und Staatsstellen zu veranlassen, die eine solche Entwicklung sicherstellen. Auch von der Deutschnationalen Volkspartei wird der Übergang aller maßgebenden Amtsfunktionen im Reiche, in den Ländern und in der gesamten Selbstverwaltung in die Hand von Vertretern nationaler Staatsauffassung als unbedingt erforderlich angesehen. Das Ansehen des nationalen Staates in der Gegenwart und in der Zukunft verlangt jedoch, daß dieser Übergang sich in Formen vollzieht, deren Gesetzmäßigkeit keinerlei Anzweiflung unterliegen darf. Reichspräsident, Reichsregierung und kommissarische Staatsregierung, sowie vom Reich eingesetzte staatliche Organe sind diejenigen Stellen, die allein das Recht beanspruchen dürfen, in die Tätigkeit staatlicher und kommunaler Stellen einzugreifen. Vertreter der nationalen Parteien und Wehrverbände können keinesfalls an ihrer Stelle mit rechtswirksamer Folge handeln.

In der Auffassung, daß Sie, sehr verehrter Herr Reichskanzler, den unverletzlichen Charakter des Rechtsstaates, wie ihn das alte Preußen Friedrich des Großen bereits gezeigt und wie ihn Reich und Staat vor der Novemberrevolution darstellten[3], zu verbürgen entschlossen sind, bitte ich Sie, die unerläßlichen Maßnahmen anordnen zu wollen.[4]

BA Potsdam, R 43 II/1263, Bl. 38 f.; veröffentlicht in: Germania, Berlin vom 11.3.; Schwäbischer Merkur vom 12.3.1933.

3   Der Politiker der DNVP stellte damit die Weimarer Republik als einen »Unrechtsstaat« hin.
4   Noch am Abend des 10.3. wandte sich Hitler mit einem Appell zur Disziplinierung an die NSDAP, SA und SS.

(36) Aus einem vertraulichen Informationsbericht eines Mitarbeiters
der Dienatag GmbH Berlin an seine Presseagentur vom
11. März 1933 über antisemitische Ausschreitungen von SA- und
SS-Abteilungen in den letzten Tagen

Die innerpolitische Lage spitzt sich wegen der wachsenden Ruhe-
störungen in Berlin und in anderen Orten erheblich zu. ... Schon
im Laufe der letzten Tage haben SA- und SS-Abteilungen ohne
Auftrag auf eigene Faust Polizei gespielt. Schließlich wurden diese
Aktionen mehr und mehr einheitlich zu antisemitischen Demonstrationen, die nicht nur das Geschäftsleben gestört haben, sondern auch zu Gewalttätigkeiten führten. ... Besondere Aufregung
hat aber ein tatsächlicher Angriff hervorgerufen, der gestern
abend von SA- und SS-Leuten auf ausländische Diplomaten ausgeübt wurde, die bei einem Tee-Empfang einer jüdischen Journa-
listin aus dem Hause Ullstein weilten. Man hat die Autos demo-
liert, die Nationalfahnen zerrissen und ist auch tätlich gegen die
Frauen der Diplomaten vorgegangen. Das diplomatische Korps
hat bereits eine Demarche vorgenommen.

BA Koblenz ZSg 101 (Sammlung Brammer), Nr. 26.

(37) Aus einer Rundfunkrede Adolf Hitlers aus Anlaß des »Volks-
trauertages« und der vom Reichspräsidenten erlassenen »Verordnung
über die Erhebung der Hakenkreuzfahne und der schwarz-weiß-roten
Fahne zu Reichsfahnen« am 12. März 1933

Unser 14jähriger Kampf um die Macht hat nunmehr seinen sichtbaren symbolischen Abschluß gefunden. Es ist aber nunmehr an
uns selbst, dafür zu sorgen, daß diese Macht von jetzt ab durch
nichts mehr erschüttert wird.

Als Euer Führer und im Namen der Regierung der nationalen
Revolution fordere ich Euch daher auf, die Ehre und damit aber
auch die Würde des neuen Regiments so zu vertreten, daß sie vor
der deutschen Geschichte dereinst auch in Ehren und Würde zu
bestehen vermag. Mit dem heutigen Tage, da nun auch symbolisch die gesamte vollziehende Gewalt in die Hände des nationalen Deutschland gelegt wurde, beginnt der zweite Abschnitt
unseres Ringens.

Von nun ab wird der Kampf der Säuberung und Inord-
nungbringung des Reiches ein planmäßiger und von oben gelei-
teter sein. Ich befehle Euch daher von jetzt ab, strengste und blin-

deste Disziplin. Alle Einzelaktionen haben von jetzt ab zu unterbleiben. Nur dort, wo die Feinde der nationalen Erhebung sich unseren gesetzlichen Anordnungen mit Gewalt widersetzen oder wo sie einzelne unserer Männer oder marschierende Kolonnen überfallen, ist der Widerstand dieser Elemente sofort und gründlichst zu brechen. Im übrigen aber ist es nun unsere Aufgabe, dem ganzen deutschen Volk und vor allem auch unserer Wirtschaft das Gefühl der unbedingten Sicherheit zu geben.

Völkischer Beobachter vom 13.3.1933.

(38) Pressemeldung vom 12. März 1933 über die Nichtzulassung der gewählten Abgeordneten der KPD zum Reichstag und zum Preußischen Landtag

Das Büro des Reichstages hat an die neugewählten Abgeordneten die Einladungen zu der Eröffungssitzung ergehen lassen, die auf Dienstag, den 21. März, 5 Uhr nachmittags, in der Kroll-Oper anberaumt worden ist. An die kommunistischen Mitglieder des Reichtages sind einer Weisung gemäß keine Einladungen gesandt worden.

Das gleiche Verfahren wird auch in Preußen geübt. Die Einladung zu der ersten Sitzung des Landtages, die Mittwoch, dem 22. März, nachmittags 3 Uhr, stattfinden soll, ist in der Form erfolgt, daß den neugewählten Abgeordneten eine entsprechende Verordnung des Staatsministeriums, gezeichnet von den Reichskommissaren von Papen und Göring, zugestellt worden ist. Die kommunistischen Abgeordneten sind dabei übergangen worden. Die Zahl der zum Reichstag gewählten kommunistischen Abgeordneten beträgt 81, der Abgeordneten zum Landtag 63.

Vossische Zeitung, Berlin vom 12.3.1933.

(39) Aus einer Erklärung der Bundesführer des Stahlhelms zur politischen Lage in Deutschland und zur eigenen Zielsetzung (undatiert), veröffentlicht am 12. März 1933

Die gewaltige Auflehnung gegen Weimar und Versailles, gegen alles, was uns im Innern und von außen her überfremden und vernichten will, muß klug, zäh und geschickt weitergeführt werden. Gerade gegenüber der nationalen Regierung werden die vorhandenen Schwierigkeiten vom gesamten deutschfeindlichen Ausland mit allen Mitteln gesteigert werden. Deshalb ist ein eisenharter Zusammenschluß aller derer, die sich zur Nation bekennen, notwendiger als je. Stahlhelmaufgabe ist es, von unserem unverrückbaren nationalistischen Standpunkt aus tief in das Volk hineinzugreifen und allen die Bruderhand zu bieten, die sich soldatisch mit uns in eine Front stellen wollen.

Niemals war der Stahlhelm notwendiger als heute. Je stärker der Stahlhelm, desto größer Deutschlands Sicherheit. Die uns übertragenen Aufgaben des freiwilligen Arbeitsdienstes und der Jugendertüchtigung werden wir unter Einsatz des ganzen Schwungs aller unserer Führerschichten und unserer Jungmannschaft anfassen und in Zusammenarbeit mit allen aufbauwilligen Kräften lösen. ...

Die Sicherung des nationalen Staates erfordert eine grundlegende Änderung unserer staatsrechtlichen Verhältnisse, deshalb kämpfen wir für einen Neubau unserer Verfassung im Bismarckschen Geiste und für ein neues Großdeutschland. Wir wollen Anteil haben am Leben und Wachsen der Nation. Noch ist der deutsche Staat durch die Verträge gefesselt. Vor der ganz zusammengeballten und ungebrochenen Kraft der Nation her muß die Freiheit nach außen und innen erzwungen werden. Die Wahlkämpfe sind hoffentlich für lange Zeit beendet, und unabhängig von jeder Parteirichtung tritt der Stahlhelm in seine neue Kampfperiode. Der rücksichtslose Kampf geht weiter.

BA Potsdam, RMdI, Nr. 25671, Bl. 6; veröffentlicht: Deutsche Allgemeine Zeitung vom 12.3.1933.

(40) Erlaß des Reichswehrministers General Werner von Blomberg vom 14. März 1933 zur Rolle der Wehrmacht und zur Zusammenarbeit mit den Wehrverbänden

In der Truppe ist durch die Entwicklung der letzten Wochen die Besorgnis entstanden, die einzigartige Stellung der Wehrmacht könne gefährdet werden.

Diesem Gedanken bin ich überall in meinen Ansprachen und Unterhaltungen mit großer Deutlichkeit entgegengetreten. Im einzelnen möchte ich dazu noch ausführen:

Der Herr Reichskanzler hat am 3.2. vor allen Führern der Wehrmacht erklärt, daß diese in ihrer Bedeutung und besonderen Stellung unverändert erhalten werden müsse, und daß er allen anderen Bestrebungen, woher sie auch kommen mögen, seinen unüberwindlichen Widerstand entgegensetzen werde.

Die umfassenden Pläne auf dem Gebiet der Jugendertüchtigung und des Arbeitsdienstes berühren keine der Aufgaben, die ausschließlich der Wehrmacht zufallen müssen: Die Ausbildung mit der Waffe und die Erziehung zum Soldaten. Die Arbeit der Wehrverbände liegt nur auf dem Gebiet der nationalen Erziehung und der körperlich-geistigen Vorschule. Da diese Arbeit in fortschreitendem Maße das ganze Volk erfassen soll, so ist auch der Gedanke an eine einseitig parteimäßig zusammengesetzte Wehrmacht zu bekämpfen.

Unerfüllbare Wünsche, die von den Siegern in dem Kampfe um die Nation an die Wehrmacht herangetragen werden, stammen meist von übergeordneter Stelle. Sie entspringen einmal dem Bedürfnis, den politischen Sieg zu unterstreichen, häufig auch einem Mißtrauen, das aus dem jahrelangen Kampf in der Opposition noch verblieben ist.

Solche Reibereien werden um so schneller verschwinden, je besser die Offiziere es verstehen, aus der selbstverständlichen Sicherheit ihrer Stellung und Tradition heraus mit den verdienstvollen Führern der Wehrverbände einen gleichmäßig guten Kontakt zu gewinnen. Durch ihre Aufgaben gebunden, wird die Wehrmacht oft gezwungen sein, an sich begreifliche Wünsche abzulehnen. Das muß freundschaftlich geschehen und unter Angabe von Gründen und wird dann um so mehr Verständnis finden; je stärker durch persönlichen Verkehr das Vertrauen zur inneren Einheit mit der Wehrmacht gewachsen ist.

BA – Militärarchiv (im folgenden: MA), Freiburg im Breisgau, RW 6/46, S. 6 f.

(41) Aus einem Schreiben von Hermann Ernst Schlimme[1], Sekretär des Bundesvorstandes des Allgemeinen Deutschen Gewerkschaftsbundes, an den Reichsminister des Innern Dr. Wilhelm Frick vom 15. März 1933 über den Terror von SA-Trupps gegen Gewerkschaftler

In den Tagen nach der Reichstagswahl am 5. März haben sich in Deutschland in zahlreichen Orten furchtbare Terrorakte und Überfälle auf unsere Mitglieder, insbesondere auf die amtlichen und ehrenamtlichen Funktionäre der Gewerkschaften abgespielt, wobei man auch vor Mord, Raub und Plünderungen gewerk-

1 Hermann Ernst Schlimme (1882–1955) wurde 1933 von den Nazis für kurze Zeit inhaftiert, bemühte sich seit Ende Mai 1933 die Verbindungen zu illegalen Gewerkschaftsgruppen aufrechtzuerhalten. 1937 erneut verhaftet und eingekerkert, setzte er ab 1940 die Widerstandsarbeit fort.

schaftlichen Eigentums nicht zurückgeschreckt ist. Diese Terrorakte sind in der Regel durch bewaffnete SA-Trupps zumeist unter stillschweigender Duldung der Polizeibehörden durchgeführt worden. Soweit wir übersehen können, hat der Stahlhelm sich an diesen Ausschreitungen nicht beteiligt, sondern soldatische Disziplin geübt.

Die ersten uns mitgeteilten Überfälle datieren aus den ersten Märztagen. Nach der Reichstagswahl jedoch hat der schlimmste Terrorismus in steigender Zahl gegen unsere Einrichtungen und unsere Vertrauensleute eingesetzt. Vornehmlich im Freistaat Sachsen, in Süddeutschland und in Schlesien sind Recht und Verfassung völlig außer Kraft gesetzt, so daß die Rechtsunsicherheit kaum noch gesteigert werden kann. ...

Durch die ungesetzliche und gegen Recht und Verfassung verstoßende Besetzung der Gewerkschaftshäuser ist den Gewerkschaften insbesondere die sozialpolitische Tätigkeit völlig unterbunden. Nicht nur, daß sie den Hunderttausenden arbeitslosen, kranken und invaliden Mitgliedern keine Unterstützungen auszahlen können, sondern auch die Wahrnehmung der Interessen ihrer Mitglieder vor den Arbeitsgerichten, vor den Sozialversicherungsbehörden und den ordentlichen Gerichten ist ihnen völlig unmöglich gemacht. Die Gewerkschaften sind bekanntlich auf Grund von Gesetzen und Verordnungen beauftragt, die Interessen ihrer Mitglieder vor diesen Stellen wie vor den Spruchbehörden der Arbeitslosenversicherung wahrzunehmen. In zahlreichen Orten wurden durch die Überfälle der SA wertvolle Akten völlig vernichtet ...

Die inzwischen mit Herrn Minister Göring und den Beauftragten des Herrn Vizekanzler von Papen geführten mündlichen Besprechungen haben zu einer Änderung der geradezu anarchistischen Zustände bisher nicht geführt. ...

Wir geben dem Herrn Reichspräsidenten und allen verantwortlichen Ministern von diesem terroristischen Treiben, das die Arbeiterschaft in Deutschland zur Verzweiflung treiben muß, Kenntnis mit dem dringenden Ersuchen, endlich allen Einfluß geltend zu machen, um diesen ungesetzlichen Zuständen, die eine Kulturschande für das deutsche Volk bedeuten, ein Ende zu bereiten. Hier wird die Kulturarbeit von Millionen unserer besten Deutschen zertreten. Die dadurch im Volke aufgerissene Kluft muß sich vertiefen. ...

Aus zahlreichen Orten wird uns berichtet, daß ehemalige Rotfrontkämpfer und Kommunisten in großer Zahl in SA-Uniform sich als besonders aktiv bei den Terrorakten gegen die Gewerkschaften betätigen.

Über die Vorgänge und über die zu ergreifenden Maßnahmen sind wir jederzeit bereit, mit Ihnen, Herr Minister, bezw. Ihren Beauftragten in Besprechungen einzutreten.

Archiv Neuer Akten, Warschau, Bestand KC PZPR, Film 1780, Bl. 109–114.

(42) Pressemitteilung des Polizeipräsidenten von Potsdam vom 15. März 1933 zur Organisierung der Spalierbildung für den »Tag von Potsdam«

Der Polizeipräsident teilt mit:
Verbände, Korporationen, Schulen usw., die gelegentlich der Reichstagseröffnung und der Anwesenheit des Herrn Reichspräsidenten und der Reichsregierung in Potsdam sich an der Spalierbildung beteiligen wollen, werden ersucht, dies unter genauer Angabe ihrer Zahl spätestens bis zum Freitag, dem 17. März, 12 Uhr dem Kommando der Schutzpolizei, Jägerallee 23, mitzuteilen. Spätere Anmeldungen werden nicht mehr berücksichtigt, wobei ausdrücklich darauf hingewiesen sei, daß eigenmächtige Spalierbildungen unbedingt zu unterbleiben haben. Die Platzanweisung erfolgt schriftlich durch das Kommando der Schutzpolizei.

Endlich wird darauf aufmerksam gemacht, daß nicht alle Vereine auf der Strecke von der Nikolaikirche zur Garnisonkirche Aufstellung finden können und sich daher zum Teil mit Plätzen auf den Anfahrtstraßen begnügen müssen.

Potsdamer Tageszeitung vom 15.3.1933.

(43) Aus einer Rede von Dr. Joseph Goebbels, Reichsminister für Volksaufklärung und Propaganda, vor führenden deutschen Pressevertretern in Berlin am 15. März 1933 mit einer demagogischen Lagebeurteilung und der Absichtserklärung zur Nutzung der Presse als Massenbeeinflussungsinstrument

Wir haben einen Zustand übernommen, der grauenerregend ist. Auf allen Gebieten des öffentlichen Lebens besteht ein vollkommener Verfall. Diesen Zustand ins rechte Lot zu bringen, ist eine furchtbar schwere und verantwortungsvolle Aufgabe. Es wird bei der Sanierung dieses Zustandes nicht möglich sein, vor unpopulären Maßnahmen zurückzuschrecken. Die Einschnitte müssen, so schmerzhaft sie auch sein mögen, vorgenommen werden.

Die Regierung der nationalen Revolution hat nicht die Absicht, das Volk über gewisse Zustände zu belügen und zu beschwindeln, sondern wird dem Volk ein klares und ungeschminktes Bild der Lage geben. Da setzt unsere Arbeit ein. Wir müssen dem Volk klarmachen, warum die Lage so ist, wie sie ist, und warum wir die Maßnahmen treffen müssen, um die Lage zu ändern. Wie ich schon betont habe, soll die Presse nicht nur informieren, sondern muß auch instruieren. Ich wende mich dabei vor allem an die ausgesprochen nationale Presse. Meine Herren! Sie werden auch einen Idealzustand darin sehen, daß die Presse so fein organisiert ist, daß sie in der Hand der Regierung sozusagen ein Klavier ist, auf dem die Regierung spielen kann, daß sie ein ungeheuer wichtiges und bedeutsames Massenbeeinflussungsmittel ist, dessen sich die Regierung in ihrer verantwortlichen Arbeit bedienen kann. Das zu erreichen betrachte ich als eine meiner Hauptaufgaben.

Zeitungs-Verlag, hrsg. vom Reichsverband der deutschen Zeitungsverleger, vom 18.3.1933.

(44) Aus dem Tagebuch von Dr. Joseph Goebbels, Reichsminister für Volksaufklärung und Propaganda, Reichspropagandaleiter der NSDAP und Gauleiter von Berlin, über sein Verhalten zu Funktionären der Christlichen Gewerkschaften am Vortag, über die Vorbereitung des »Tages von Potsdam« und über Schritte zur »Gleichschaltung« des Rundfunks vom 17. März 1933

Ein paar Oberschlaue aus den Christlichen Gewerkschaften machen bei mir Besuch, um über die Teilnahme ihrer Anhänger am neuen Staat zu verhandeln. Ich lasse sie ganz kurz abfahren. Sie werden nicht mehr lange von ihren Anhängern reden können. Staunenswert, was sich nicht alles dem neuen Staat zur Verfügung stellt. Aber Vorsicht ist hier in jeder Beziehung angebracht. Gefährlich sind diejenigen, die sich eben erst mit dem Hakenkreuz[1] schmückten, um dann als frischgebackene Parteigenossen[2] auf die Menschheit loszugehen. Die Potsdamer Feier soll zum ersten-

---

1 Im Volksmund wurden die nun in die NSDAP Eingetretenen »Märzgefallene« genannt.

2 Parteigenossen, abgekürzt PG, offizielle Bezeichnung für Mitglieder der NSDAP.

mal im Stil nationalsozialistischer Formgebung abgehalten werden. Der Rundfunk wird für ganz Deutschland eingeschaltet. Die Nation muß an diesem Tage teilnehmen. Ich arbeite das Programm bis tief in die Nacht hinein in allen Einzelheiten durch, rufe in einem kurzen Aufruf die Nation zur Teilnahme auf und tue alles, um diesen feierlichen Staatsakt unverlöschlich in das Gedächtnis der lebenden Generation einzuprägen. Im Rundfunk haben wir nun die für alle Kulturgebiete so notwendige Vereinheitlichung bereits durchgeführt. Er befindet sich ausschließlich in den Händen des Reichs. ... Ich nehme gleich eine Reihe von Kündigungen vor, um das Personal wenigstens in den Spitzen zu säubern. An alle wichtigen Stellen werden einwandfreie Nationalsozialisten gesetzt.

Die Tagebücher von Joseph Goebbels. Sämtliche Fragmente. Hrsg. von Elke Fröhlich im Auftrag des Instituts für Zeitgeschichte und in Verbindung mit dem Bundesarchiv. T. 1, Bd. 2: 1.1.1931–31.12.1936, München/New York/London/Paris 1987, S. 394.
Joseph Goebbels Tagebücher 1924–1945. Hrsg. Ralf Georg Reuth, Bd.2: 1930–1934, München/Zürich 1992, S. 781.

(45) Aus dem Schreiben von Conrad Gröber, Erzbischof von Freiburg im Breisgau, an den Kardinalstaatssekretär im Vatikan Eugenio Pacelli vom 18. März 1933 zur politischen Lage und zur Haltung der katholischen Kirche in Deutschland

Was die allgemeine Lage betrifft, so werden wir in Deutschland jeden Tag vor neue Überraschungen gestellt. Für mich selber handelt es sich namentlich darum, mit einer gewissen Elastizität mich den neuen Verhältnissen anzupassen, ohne irgendwie katholische Anschauungen und politische Beziehungen damit preiszugeben. Vor allem müssen wir alles unterlassen, was wie eine Provokation der neuen Herrschaft aussehen und gegen die Kirche und ihre Priester einnehmen könnte. Ich hoffe, daß sich in der nächsten Zeit ein modus vivendi herausbildet, der für uns erträglich ist. Namentlich müssen wir zu verhindern suchen, daß unsere katholischen Organisationen nicht gänzlich zerschlagen werden. Ob es in Baden möglich sein wird, eine Art Koalition mit dem Zentrum zustande zu bringen, ist vorerst noch nicht ersichtlich. Hier würde das Beispiel von Bayern und Preußen wiederum maßgebend sein. In jedem Falle ist damit zu rechnen, daß der Nationalsozialismus mit allen Mitteln eine Dauerherrschaft zu erlangen versucht. Betrüblich ist dabei, daß auch in meiner Erzdiözese eine größere Anzahl rein katholischer Gemeinden mit fliegenden Fahnen zu dieser Partei hinübergezogen sind. Hält die neue Herrschaft allerdings nicht, was sie verspricht, so wird sich in absehbarer Zeit eine Reaktion anmelden, die nach dem anderen Extrem sich bewegt. Auch das legt uns deutschen Bischöfen nahe, zwar ohne Feindseligkeit die neuen Verhältnisse zu betrachten, aber doch ihnen gegenüber eine gewisse Distanz zu bewahren, damit nicht bei einem Gegenschlag die Kirche wiederum ihre Verbrüderung mit dem Nationalsozialismus zu büßen hat. Namentlich wird es sich auch darum drehen, ob die katholischen Führer im Nationalsozialismus ihren Einfluß aufrecht erhalten oder den kulturkämpferischen Elementen nachgeben, die in radikalster Weise gegen die schwarze Internationale vorgehen wollen. Das ist es besonders, was den deutschen Nationalsozialismus vom italienischen Faschismus unterscheidet. Italien ist gottlob noch ein im Glauben geeinigtes Land, während der Protestantismus jede politische Gelegenheit benützt, um seinen Haß und Vernichtungswillen gegen die katholische Kirche zu äußern. Obwohl ich im großen und ganzen Optimist bin, rechne ich trotzdem mit einer gewissen Wahrscheinlichkeit, daß wir, wenigstens vorübergehend wieder, in schwere Kulturkampfszeiten versetzt werden. Interessant und tiefbedauerlich ist es jetzt schon, daß manche, die bisher treu zum Zentrum und zu den katholischen Organisationen gestanden sind, nunmehr sich ängstlich zurückziehen oder ihre Anmeldung bei den Nationalsozialisten bereits vollzogen haben. Aber dieser Blätterfall kommt nicht überraschend, wenn man namentlich die Zwangsmethoden betrachtet, mit denen der Nationalsozialismus zu arbeiten pflegt.

Akten deutscher Bischöfe über die Lage der Kirche 1933–1945. Veröffentlichungen der Kommission für Zeitgeschichte bei der Katholischen Akademie in Bayern. Bd. I: 1933–1934, bearbeitet von Bernhard Stasiewski, Mainz 1968, Dok. 5, S. 9 f.

(46) Aus einem Artikel der »Gewerkschaft«, Presseorgan des Gesamtverbandes der Arbeitnehmer der öffentlichen Betriebe und des Personen- und Warenverkehrs, mit einem Appell an die Gewerkschaftsmitglieder zur Bewahrung von »Ruhe, Überlegung und Disziplin« vom 18. März 1933

In diesen Tagen ist allerhand geschehen, was an die Nerven des einzelnen unerhörte Anforderungen stellt. Hinzu kommt aber die schleichende Ungewißheit, die durch das Nichterscheinen der Arbeiterpresse bei den Millionen der Werktätigen ausgelöst wird.

Sie wissen nicht, was an den Darstellungen der noch verbliebenen Presse richtig ist, sind von Zweifel gequält und daher leicht den Gerüchtemachern ausgeliefert.

Wir Gewerkschaftler haben in allen Zeiten stets als unsere vornehmste Pflicht angesehen: Ruhe, Überlegung und Disziplin! Schließlich sind die schweren Kampfzeiten der Vergangenheit doch auch überwunden worden. Sie wurden aber nur überwunden, weil unsere Gewerkschaftsfunktionäre und mit ihnen die Millionenmassen der Mitglieder die Nerven behielten. ... Es geht wahrlich nicht an, daß wir noch schwärzer sehen, als die Gegenwart ohnehin ist. Mehr denn je gilt es, sich gegenseitig das Vertrauen zu erhalten, damit aus der Episode von heute nicht die Weltgeschichte von morgen wird. Wir sagen mit vollem Bewußtsein:

Die deutschen Gewerkschaften werden noch sein, wenn ihre Gegner längst nicht mehr da sind!

Dabei müssen wir unsere traurige Verwunderung darüber aussprechen, daß sehr große Teile des deutschen Volkes sich gegenwärtig anscheinend in einer Art Panikzustand befinden. Diese katastrophale Stimmung dient aber weder dem Ganzen noch der einzelnen Person. Sie bringt aber auch für niemand etwa erhöhte Sicherheit, sondern im Gegenteil, es können dadurch leicht falsche Maßnahmen der Gegner hervorgerufen werden. Kleinmut und Verzagtheit feiern gegenwärtig in weiten Volkskreisen wahre Triumphe, und das ist vielleicht das betrübliche an den ganzen Vorgängen dieser Zeit. Gewiß wollen und dürfen wir mißtrauisch sein gegenüber allen Parolen und Gerüchten, die nicht von der Führerschaft der Gewerkschaften kommen. Wir möchten aber feststellen, daß der ADGB in den letzten Tagen und Wochen wiederholt in klaren und eindeutigen Erklärungen zum Ausdruck gebracht hat, daß er bereit ist, alles daranzusetzen, um die erworbenen Rechte der Gewerkschaften nach Kräften zu schützen und wahrzunehmen.

Gewerkschaft, Ausgabe A, Nr. 11 v. 18.3.1933, Spalte 195.

Tägliches Kreisblatt

für den

Kreis Beeskow-Storkow

Haupttageszeitung für den Kreis Beeskow-Storkow

Nummer 67 | Montag, den 20. März 1933 | 95. Jahrgang

Zur Feier der Wiedergeburt der Nation und der Eröffnung des Reichstages

am Dienstag, dem 21. März 1933, wird die Einwohnerschaft von Beeskow und Umgegend zu zahlreicher Beteiligung aufgefordert.

Festfolge:

1. Gemeinsame Feier der beiden städtischen Schulen und der Einwohnerschaft im Schützenhaussaale von 11¼ bis 13 Uhr. Lautsprecherübertragung der Ansprachen des Reichspräsidenten und des Reichskanzlers.
2. Feldgottesdienst auf dem Kasernenhofe um 12 Uhr. Zutritt für jedermann.
3. Fackelzug der unterzeichneten Organisationen. Antreten 20 Uhr an der Turnhalle.
Schlußfeier mit Ansprache auf dem Marktplatz.
Die Frauengruppen versammeln sich um 20½ Uhr auf dem Marktplatz.

Flaggenschmuck und Festbeleuchtung der Häuser ist Ehrenpflicht der Bürgerschaft.

Beeskow, den 19. März 1933.

Der Magistrat. Der Standortälteste. Mittelschule. Volksschule.
Schützengilde und Jungschützen-Abteilung. Landwehrverein und Anstäuferjugend. Freiwillige Feuerwehr.
Nationalsozialistische Deutsche Arbeiter-Partei (Hitlerbewegung), Ortsgruppe Beeskow. Stahlhelm, Bund der Frontsoldaten.
Freiwillige Sanitäts-Kolonne vom Roten Kreuz. Männer-Turn-Verein e. V. Schwimm-Club Beeskow 1920 e. V.
Ruder-Club Beeskow 1920 e. V. Sportklub Preußen Beeskow 1922.
Bund Königin Luise. Jugend-Abteilung des Vaterländischen Frauen-Vereins vom Roten Kreuz.

*Bekanntgabe der Programmfolge für die Veranstaltungen am
21. März 1933 in Beeskow*

*(47) Aus einem Schreiben von Hermann Ernst Schlimme, Sekretär des
Bundesvorstandes des Allgemeinen Deutschen Gewerkschaftsbundes,
an den Reichspräsidenten Paul von Beneckendorff und von Hindenburg vom 20. März 1933 über zunehmende Terrorakte der SA und SS
gegen Gewerkschaftler*

In der Annahme, daß der Befehl des Herrn Reichskanzlers Adolf
Hitler vom Sonntag, dem 12. d/iese/s M/onat/s an die SA- und
SS-Formationen weiteren Terrorakten und Überfällen auf die
Einrichtungen der Gewerkschaften und ihrer Mitglieder ein Ende
bereitete, sind wir, wie die nachstehenden Meldungen beweisen,
gründlich getäuscht worden. Gesetz und Recht werden ebenso
wie in den Tagen vor dem 12. d/iese/s M/onat/s auch gegenwärtig fortgesetzt verletzt. Nur in den seltensten Fällen wird durch
die Behörden begangenes Unrecht korrigiert und der staatliche
Schutz eingesetzt. Von unseren Mitgliedern haben wir in der

zurückliegenden Zeit strengste Disziplin und Ruhe gegenüber den fortgesetzten Provokationen und Überfällen gefordert. Unmenschliches ist von den Millionen unserer Mitglieder dadurch verlangt worden. Sie haben sich trotz allem unseren Anweisungen gefügt, um den Bürgerkrieg aus Deutschland fernzuhalten.

Zu den in unseren Schriftsätzen vom 8., 11., 13., 14. und 15. d/iese/s M/onat/s bereits berichteten Terrorakten, Überfällen, Eigentumsvergehen und Rechtsverletzungen sind wir leider gezwungen, die nachstehend aus den letzten Tagen gemeldeten weiteren gegen Recht und Verfassung verstoßenden Vorgänge zu unterbreiten, die beweisen, welche Rechtsunsicherheit trotz aller Warnungen der verantwortlichen Regierungsgewalten noch immer besteht. Es sind uns aus mehr als 200 Orten des Reiches derartige Überfälle auf das Besitztum der Arbeiter und auf gewerkschaftliche Funktionäre gemeldet worden, von denen in den obengenannten Briefen nur ein Teil registriert worden ist.

Wir bringen nachstehend weitere Fälle zu Ihrer Kenntnis mit dem wiederholt ausgesprochenen dringenden Ersuchen, die staatlichen Organe endlich anzuweisen, daß Recht und Gerechtigkeit in Deutschland wieder einkehren. ...

Zahlreiche gewerkschaftliche Verwaltungsgebäude werden ohne jeden gesetzlichen Grund noch immer durch SA, SS oder durch Polizei besetzt gehalten. Auf diese Weise ist es den Gewerkschaften völlig unmöglich gemacht, die soziale Interessenvertretung ihrer Mitglieder durchzuführen, und vor allem sind sie gehindert, die den arbeitslosen, kranken und invaliden Mitgliedern zustehenden Unterstützungen auszuzahlen. Nach den neuesten Meldungen kommen insbesondere die Verwaltungsgebäude der Gewerkschaften in Leipzig, Breslau, Bochum, Königsberg, Liegnitz, Nürnberg, Augsburg und in zahlreichen anderen Orten in Frage. In weiteren Orten hat die SA und SS die Häuser mit dem gesamten Inventar beschlagnahmt und als ihre Kasernen eingerichtet. Alle Versuche bei der Polizei und allen in Betracht kommenden Behörden, um das Eigentum der organisierten Arbeiter zu schützen, sind in der Regel fehlgeschlagen. Die Polizei und sonstigen Aufsichtsbehörden erklären sich außerstande einzugreifen, solange nicht von den verantwortlichen Reichsstellen und den Ländern eine entsprechende Anweisung gegeben ist. So herrscht die Willkür trotz Aufforderung des Reichskanzlers und trotz der Zureden verantwortlicher Regierungsstellen in zahlreichen Orten weiter.

Aus einzelnen Orten und Landesteilen erhalten wir Presseveröffentlichungen, in denen die Standortführer und die SA-Standartenführer sich anmaßen, Aufrufe an die Bevölkerung und an die Gewerkschaftsmitglieder zu erlassen, in denen sie eigenmächtig über gewerkschaftliches Eigentum, über die Gewerkschaftshäuser verfügen und sich als Kontrollinstanzen über die Arbeiten der Gewerkschaften einsetzen. Dieser Zustand ist völlig ungesetzlich und widerspricht den bestehenden sozialpolitischen Gesetzen, die bisher noch nicht geändert sind.

Wir wenden uns aus Gründen dieser völligen Rechtsunsicherheit, die schließlich zur Anarchie führen muß, an die verantwortlichen Stellen des Reiches und insbesondere Preußens in der Annahme, daß der Herr Reichspräsident und die verantwortlichen Minister des Reiches und in Preußen endlich ihr Versprechen, das der Reichskanzler Adolf Hitler am 12. d/iese/s M/onat/s durch Rundfunk und Presse bekanntgegeben hat, erfüllen und die Willkürakte gegen Personen und Eigentum der Gewerkschaften unterbleiben. Die Gewerkschaften arbeiten auf dem Boden des Rechts und lehnen jede Gewaltanwendung ab. Umsomehr haben sie ein Recht, für sich und ihre vier Millionen Mitglieder als deutsche Staatsbürger zu verlangen, daß die staatlichen und kommunalen Behörden, die für den Schutz und die Sicherheit von Personen und des Eigentums verantwortlich sind, aufgerufen werden, Recht und Gesetz zu achten.

Geheimes Staatsarchiv, Berlin Dahlem, Rep.90 P, Nr. 71, Bl. 26–32.

(48) Aus dem Tätigkeitsbericht der Abteilung I (Politische Polizei) des Polizeipräsidiums Berlin vom 20. März 1933

A. Meldungen aus Berlin:
1. Festnahmen: Vom 18.-20.3.1933 76 Einlieferungen, davon 54 zum Isoliergewahrsam. Insbesondere wegen Beleidigung der Reichsregierung (8), Herstellung und Vertrieb illegaler Druckschriften (9), unbefugten Waffenbesitzes, Schlägerei etc. (9), Bedrohung (2), wegen kommunistischer Umtriebe (4), in Schutzhaft (5).

II. Beschlagnahmen:
2. Im Bezirksamt Treptow Vervielfältigungsmaschine mit Motorantrieb vorgefunden, auf der anscheinend Flugschriften der SPD hergestellt wurden. Maschine befand sich in einer kleinen

Nische des Kellers, die durch besondere Tür verschließbar. Maschine soll Eigentum des marxistischen Motorradklubs sein.

3. Kraftwagen des Chefredakteurs des »8 Uhr Abendblattes« Zucker durch SA beschlagnahmt ...

IV. Allgemeines.

7. Sonnabend, 18.30 Uhr stürzte sich KPD Siegbert Kindermann nach vorangegangener Vernehmung in SA-Heim im unbewachten Augenblick aus III. Stock auf den Hof. Kindermann Verletzungen erlegen.

8. Gestern stieß Pol/izei/kraftwagen, der Zwangsgestellte fortschaffte, Strausberger Platz mit Kraftdroschke zusammen. Pol/izei/wagen überschlagen. Fahrer schwer, ein Beamter und ein Zwangsgestellter leicht verletzt.

BA Potsdam, St 3/133, Bl. 115 f.

(49) Aus der Mitteilung von Heinrich Himmler, kommissarischer Polizeipräsident von München, vom 20. März 1933 an die Presse, veröffentlicht im »Völkischen Beobachter« am 21. März [1]

Am Mittwoch [2] wird in der Nähe von Dachau das erste Konzentrationslager mit einem Fassungsvermögen für 5 000 Menschen errichtet werden. Hier werden die gesamten kommunistischen und, soweit dies notwendig ist, Reichsbanner- und sozialdemokratischen Funktionäre, die die Sicherheit des Staates gefährden, zusammengezogen, da es auf die Dauer nicht möglich ist und den Staatsapparat zu sehr belastet, diese Funktionäre in den Gerichtsgefängnissen unterzubringen. Es hat sich gezeigt, daß es nicht angängig ist, diese Leute in die Freiheit zu lassen, da sie weiter hetzen und Unruhe stiften. Im Interesse der Sicherheit des Staates müssen wir diese Maßnahme treffen ohne Rücksicht auf kleinliche Bedenken. Polizei und Innenministerium sind überzeugt, daß sie damit zur Beruhigung der gesamten nationalen Bevölkerung und in ihrem Sinne handeln.

Völkischer Beobachter, Münchener Ausgabe, vom 21.3.1933

1 Diese Mitteilung Himmlers, zugleich Reichsführer SS, erschien auch im »Dachauer Volksblatt« am 6.4.1933 und wurde dort noch durch einen Eigenbericht über die Entwicklung des Lagers, den »recht heruntergekommenen Zustand« der Bauten im KZ, die derzeitige Bewachung durch eine »Hundertschaft Landespolizei« und einen Hinweis auf das Besuchsverbot ergänzt.
2 22.3.1933.

Frühkonzert der Reichswehrkapelle am 21. März vor dem Stadtschloß in Potsdam

(50) Aus dem Telegramm von Herbert von Dirksen, deutscher Botschafter in Moskau, an das Auswärtige Amt am 20. März 1933 über in der Sowjetunion geäußerte Besorgnisse wegen der politischen Entwicklung in Deutschland

Heutige Iswestija[1] abdruckt Keith[2] Telegramm mit Nachricht von Verbot der Iswestija und Prawda[3] sowie der Nichtaushändigung von Eintrittskarten zur morgigen Reichstagseröffnung an Sowjetjournalisten, wobei sie sich in einem anschließenden Kommentar zu heftigen Angriffen gegen Regierung versteigt. Ich habe heute sofort bei Krestinski[4] nachdrücklich Einspruch gegen derartige unangemessene Angriffe erhoben und darauf hingewiesen, daß Verbot der Sowjetblätter durch ihre gehässige Berichterstattung begründet sei und eine derartige Sprache in keiner Weise rechtfertige.

Krestinski zurückführte diesen Ton der Presse darauf, daß sich

1 »Iswestija«, Erscheinungsort Moskau, Regierungsorgan.
2 Lilly Keith, damals Korrespondentin der »Iswestija« in Berlin.
3 »Prawda«, Moskau, Organ des ZK der KPdSU (B).
4 Nikolai N. Krestinski, Stellvertretender Volkskommissar für auswärtige Angelegenheiten der UdSSR.

hiesige Öffentlichkeit besonders über Diskriminierung aufregt, die in der Ausschließung der Sowjetpresse von der Eröffnungssitzung liegt.

Auf meine Frage, daß Eröffnungssitzung mit Gottesdienst verbunden sei, woran Sowjetvertreter ohnehin nicht teilnähmen, ausführte Krestinski, es sei Sowjetbotschaft auf Vorstellungen im Auswärtigen Amt gesagt worden, daß Nichtzulassung zur Eröffnungssitzung über Vertreter Sowjetpresse verhängt worden sei wegen ihrer Tonart in den letzten Wochen. Er überreichte mir Auszüge aus der deutschen Presse mit scharfen Angriffen auf hiesige Zustände und auf leitende Persönlichkeiten.

Anschließend ausführte Krestinski eingehend, daß Sowjetöffentlichkeit in großer Unruhe und Unsicherheit über künftige Stellungnahme der Reichsregierung zur Rußlandpolitik sei. Diesen die Beziehungen belastenden Zuständen müsse baldmöglichst ein Ende gemacht werden. ... Ebensowenig sei eine Abmilderung der in Rundfunkrede Reichskanzlers erhobenen Angriffe gegen Sowjetunion erfolgt.[5]

Akten zur deutschen auswärtigen Politik 1918–1945. Serie C: 1933–1937, Bd. 1, 1. Hbbd., Göttingen 1971, S. 187 f., Dok. 104.

5 Hitler schwächte dann in der Reichstagsrede am 23.3.1933 vorangegangene Angriffe ab und beteuerte seine Absicht zur Pflege nutzbringender Beziehungen.

(51) Meldung der Presseagentur Wolffs Telegraphenbüro (WTB)
über das »Ersuchen« von Reichsminister Dr. Goebbels an die
Geschäftsinhaber in Potsdam zum besonderen Geschäftsschluß
am 21. März 1933

Der Reichsminister für Volksaufklärung und Propaganda ersucht die Geschäftsinhaber, am Dienstag /21.3./ in der Zeit von 10 bis 14 Uhr die Geschäfte geschlossen zu halten, um dem Personal eine Beteiligung an den Feierlichkeiten der Reichs- und Staatsbehörden zu ermöglichen. Die Fabrikbetriebe werden ersucht, in dieser Zeit Arbeitspausen einzulegen, die Belegschaften zu Feiern zu versammeln und Lautsprecher zur Übertragung der staatlichen Feiern aufzustellen.

Deutsche Allgemeine Zeitung vom 21.3.1933.

Hitler und Göring vor der Nikolaikirche in Potsdam
in Erwartung des Reichspräsidenten
(3. von rechts Pfarrer Lahr und seine Tochter)

Reichspräsident von Hindenburg und sein Sohn Oskar
werden vor der Nikolaikirche von
Generalsuperintendent Dibelius begrüßt

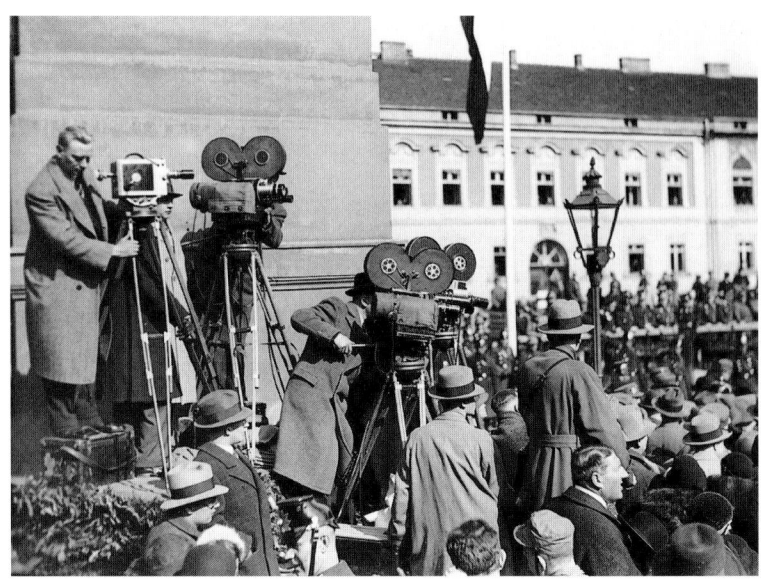

Kameramänner am Obelisk auf dem Alten Markt

(52) *Aus der Predigt von Dr. Dr. Otto Dibelius,*
Generalsuperintendent der Kurmark, in der Nikolaikirche in Potsdam
am 21. März 1933

Mit Gott zu neuer Zukunft! Ein neuer Anfang staatlicher Geschichte steht immer irgendwie im Zeichen der Gewalt. Denn der
Staat ist Macht. Neue Entscheidungen, neue Orientierungen,
Wandlungen und Umwälzungen bedeuten immer den Sieg des
einen über den anderen. Und wenn es um Leben und Sterben
der Nation geht, dann muß die staatliche Macht kraftvoll und
durchgreifend eingesetzt werden, es sei nach außen oder nach
innen.

Wir haben von Dr. Martin Luther gelernt, daß die Kirche der
rechtmäßigen staatlichen Gewalt nicht in den Arm fallen darf,
wenn sie tut, wozu sie berufen ist. Auch dann nicht, wenn sie hart
und rücksichtslos schaltet. Wir kennen die furchtbaren Worte, mit
denen Luther im Bauernkrieg die Obrigkeit aufgerufen hat, scho-
nungslos vorzugehen, damit wieder Ordnung in Deutschland
werde. Aber wir wissen auch, daß Luther mit demselben Ernst die
christliche Obrigkeit aufgerufen hat, ihr gottgewolltes Amt nicht
zu verfälschen durch Rachsucht und Dünkel, daß er Gerechtigkeit und Barmherzigkeit gefordert hat, sobald die Ordnung wie-

derhergestellt war. Das muß die doppelte Aufgabe der evangelischen Kirche auch in dieser Stunde sein.

Reichstagseröffnungsfeier in Potsdam. Hrsg. von Hans Hupfeld, Potsdam 1933, S. 29 f.

(53) Aus einem Pressebericht über den Gottesdienst in der katholischen St.-Peter-und-Paul-Kirche in Potsdam am 21. März 1933

Ebenso wie die Nikolaikirche am Alten Markt war auch die katholische St.-Peter-Paul-Kirche am Bassinplatz schon lange vor Beginn des Gottesdienstes für die katholischen Abgeordneten von einer nach Tausenden zählenden Menschenmenge umlagert, so daß dichte Polizeiketten die Anfahrt freihalten mußten. Gegenüber der Kirche hatten Vereine mit Fahnen und dicht an dem mit Lorbeerbäumen geschmückten Portal eine Musikkapelle Aufstellung genommen, die Märsche und vaterländische Lieder zu Gehör brachte. Das Innere der Kirche, das mit Girlanden und frischem Tannengrün geschmückt war, hatte sich schon vor 10 Uhr gefüllt. Zu beiden Seiten der in der Mitte und vorn für etwa 200 Abgeordnete und die Mitglieder der Reichsregierung und des Diplomatischen Korps freigehaltenen Plätze, sowie auf den Emporen, hatten zahlreiche Ehrengäste Platz genommen, unter denen man Vertreter der Reichswehr, der städtischen Körperschaften

Die Menschenmenge drängt gegen die Absperrketten

113

Potsdams usw. sah. Einer der ersten war Reichsverkehrsminister Freiherr Eltz v. Rübenach. Ihm folgte kurz nach 10 Uhr Vizekanzler v. Papen, der vom Geistlichen Rat Warnecke empfangen und auf seinen Platz in der ersten Reihe vor dem wegen der Fastenzeit violett verkleideten Altar geleitet wurde. Weiter kamen Vertreter der SA und SS, unter ihnen auch der Reichsführer SS Himmler, der jetzt Polizeipräsident in München ist, ferner zahlreiche Ministerialbeamte und schließlich die Vertreter des Diplomatischen Korps, unter ihnen der italienische Botschafter Cerutti, die Gesandten von Österreich, Venezuela, Haiti, der türkische Geschäftsträger, und schließlich, von der Geistlichkeit der Kirche feierlich im Portal empfangen, der päpstliche Nuntius Orsenigo, bei dessen Erscheinen die Gemeinde das Knie beugte, während er, nach allen Seiten das Zeichen des Segens erteilend, bis vor den Altar schritt. Unmittelbar darauf erschienen geschlossen die katholischen Reichstagsabgeordneten, an ihrer Spitze die Vertreter des Zentrums und der Bayrischen Volkspartei, und zwar betrat als erster von ihnen der frühere Reichskanzler Brüning das Gotteshaus … Gleichzeitig mit ihnen kamen die Deutschnationalen und Nationalsozialisten, letztere sämtlich in SA-Uniform. Man sah unter ihnen auch den Reichskommissar für Bayern, General v. Epp, sowie einige Kommissare für die übrigen Länder.

Um 10.30 Uhr begann die feierliche Handlung mit Orgelvorspiel. Nach Gesang des Gemeindechors hielt Domkapitular Dr. Banasch unter Assistenz der Kapläne Dr. Bugler und Podolski ein feierliches Levitenamt mit Tedeum, doch mußte wegen der Kürze der für den Gottesdienst zur Verfügung stehenden Zeit die Handlung stark gekürzt werden. …

Die allgemeine Erwartung, daß Reichskanzler Adolf Hitler und Reichsminister Dr. Goebbels an dem Gottesdienst in der katholischen Pfarrkirche teilnehmen würden, hat sich nicht erfüllt.

Um 11.30 Uhr verließen die Abgeordneten und Regierungsmitglieder das Gotteshaus und begaben sich durch ein dichtes Spalier in geschlossenem Zuge am Wilhelmplatz vorbei durch die Kaiserstraße zur Nikolaikirche, wo sich dann der Festzug zur Garnisonkirche bildete.

Deutsche Allgemeine Zeitung vom 22.3.1933.

(54) Amtliche Erklärung zum Fernbleiben von Hitler und Goebbels
beim katholischen Gottesdienst in Potsdam am 21. März 1933

Amtlich wird mitgeteilt:
Die katholischen Bischöfe von Deutschland haben in der jüngsten Vergangenheit in einer Reihe von Erklärungen, nach denen in der Praxis seitens der katholischen Geistlichkeit gehandelt wurde, Führer und Mitglieder der Nationalsozialistischen Deutschen Arbeiterpartei als Abtrünnige der Kirche bezeichnet, die nicht in den Genuß der Sakramente kommen dürften. Diese Erklärungen sind bis heute noch nicht widerrufen, und es wird auch seitens der katholischen Geistlichkeit weiterhin danach gehandelt.

Infolgedessen sah sich der Kanzler zu seinem Leidwesen nicht in der Lage, am katholischen Gottesdienst in Potsdam teilzunehmen. Der Kanzler hat während der Zeit des offiziellen Gottesdienstes zusammen mit dem Reichsminister für Volksaufklärung und Propaganda, Dr. Goebbels, auf den dasselbe zutrifft, die Gräber seiner ermordeten SA-Kameraden auf dem Luisenstädtischen Friedhof in Berlin besucht. Er legte dort einen Kranz nieder mit der Inschrift: Meinen toten Kameraden.

Völkischer Beobachter vom 22.3.1933

(55) Gegendarstellung »von maßgeblicher kirchlicher Seite«[1] zur
amtlichen Erklärung über das Fernbleiben von Hitler und Goebbels
beim katholischen Gottesdienst in Potsdam am 21. März 1933

Die Behauptung, Anhänger der NSDAP würden als Abtrünnige betrachtet, die nicht in den Genuß der Sakramente kommen dürfen, ist in dieser Allgemeinheit unrichtig. In zahllosen Fällen sind dieselben wie alle anderen Katholiken zu den hl. /heiligen/ Sakramenten zugelassen. Die Frage der Zulassung oder Abweisung wird bei diesen wie bei allen Katholiken nicht nach politischen Gründen, sondern in jedem Falle gewissenhaft nach der Würdigkeit des Einzelnen beurteilt. Die Bezeichnung als »Abtrünnige der Kirche« ist daher unzutreffend.

Bayrischer Kurier, München vom 23.3.1933.

1 Eine exakte Aussage zur Quelle dieser Gegendarstellung gab es nicht.

Hitler, neben ihm von Papen, dahinter Goebbels und weitere Kabinettsmitglieder auf dem Weg zur Garnisonkirche

(56) Aus den Erinnerungen von Maximilian Freiherr von Weichs, Oberst und Infanterieführer im Wehrkreis III, an die Spalierbildung an der Strecke zur Garnisonkirche am 21. März 1933

Minister, Abgeordnete usw. legten den Weg vom Gottesdienst zur Garnisonkirche, wo die politische Feier stattfand, in Gruppen zu Fuß zurück. An dieser via triumphalis[1] bildete die Garnison Spalier. Als ich dem Befehlshaber des Wehrkreises, General Freiherr von Fritsch, die Aufstellung meldete, sagte er:»Sorgen Sie dafür, daß vor dem Reichskanzler keine Ehrenbezeugung gemacht wird!« Ich meinte, auf diesen Gedanken werde wohl niemand kommen, gab aber einen entsprechenden Befehl durch.

Da man es unterlassen hatte, den Zustrom von Zuschauern aus Berlin einzuschränken, stauten sich an den Zugangsstraßen ungeheure Menschenmassen. Als Hitler zu Fuß die via triumphalis pas-

1 Triumphstraße

sierte, wurde das Spalier von wild begeisterten Menschen durchbrochen, Hitler kam ins Gedränge und verlor dabei seinen Zylinder. Über diese ihm wenig würdig erscheinende Situation erbost, beseitigte er den Polizeipräsidenten von Zitzewitz aus seinem Amt. An seine Stelle trat der SA-Gruppenführer Graf Helldorf. Wohl eines der ersten Beispiele, daß verdiente alte Beamte durch unerfahrene Parteileute ersetzt wurden.

Bundesarchiv – Militärarchiv, Freiburg im Breisgau, N 19/5, Bl. 3 f.

Reichswehrverbände auf dem Marsch zur Garnisonkirche. Auf dem Dach des Eckhauses sind bewaffnete Posten aufgestellt

117

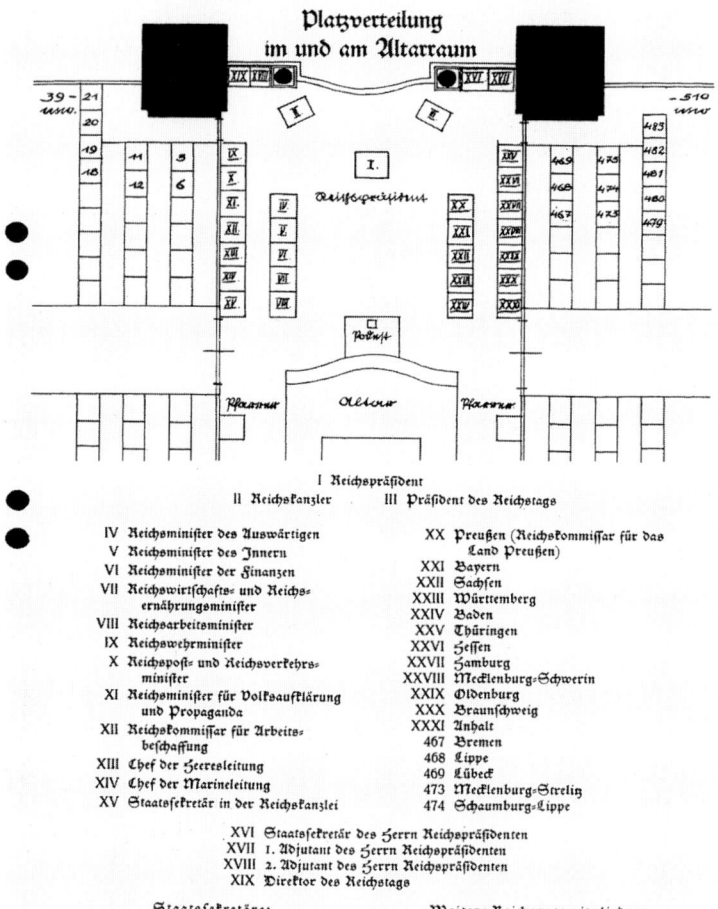

Staatsakt zur Feier der Eröffnung des Reichstags
Garnisonkirche zu Potsdam · 21. März 1933

**Platzverteilung
im und am Altarraum**

I Reichspräsident

II Reichskanzler III Präsident des Reichstags

IV Reichsminister des Auswärtigen	XX Preußen (Reichskommissar für das Land Preußen)
V Reichsminister des Innern	XXI Bayern
VI Reichsminister der Finanzen	XXII Sachsen
VII Reichswirtschafts- und Reichsernährungsminister	XXIII Württemberg
	XXIV Baden
VIII Reichsarbeitsminister	XXV Thüringen
IX Reichswehrminister	XXVI Hessen
X Reichspost- und Reichsverkehrsminister	XXVII Hamburg
	XXVIII Mecklenburg-Schwerin
XI Reichsminister für Volksaufklärung und Propaganda	XXIX Oldenburg
	XXX Braunschweig
XII Reichskommissar für Arbeitsbeschaffung	XXXI Anhalt
	467 Bremen
XIII Chef der Heeresleitung	468 Lippe
XIV Chef der Marineleitung	469 Lübeck
XV Staatssekretär in der Reichskanzlei	473 Mecklenburg-Strelitz
	474 Schaumburg-Lippe

XVI Staatssekretär des Herrn Reichspräsidenten
XVII 1. Adjutant des Herrn Reichspräsidenten
XVIII 2. Adjutant des Herrn Reichspräsidenten
XIX Direktor des Reichstags

Staatssekretäre:
5, 6, 11, 12, 18–21, 27–30 usw.

Weitere Reichsratsmitglieder:
475, 479–483, 487–492, 496–501 usw.

Sitzordnung für den Altarraum der Garnisonkirche zum Festakt am 21. März 1933

(57) Ansprache des Reichspräsidenten Paul von Beneckendorff und von Hindenburg beim Staatsakt in der Garnisonkirche in Potsdam am 21. März 1933

Durch meine Verordnung vom 1. Februar d/iese/s J/ahres/ löste ich den Reichstag auf, damit das deutsche Volk selbst zu der von mir neugebildeten Regierung des nationalen Zusammenschlusses Stellung nehmen könne. In der Reichstagswahl vom 5. März hat unser Volk sich mit einer klaren Mehrheit hinter diese durch mein Vertrauen berufene Regierung gestellt und ihr hierdurch die verfassungsmäßige Grundlage für ihre Arbeit gegeben.

Schwer und mannigfaltig sind die Aufgaben, die Sie, Herr Reichskanzler, und Sie, meine Herren Reichsminister, vor sich sehen. Auf innen- und außenpolitischem Gebiete, in der eigenen Volkswirtschaft wie in der Welt sind schwere Fragen zu lösen und bedeutsame Entschließungen zu fassen. Ich weiß, daß Kanzler und Regierung mit festem Willen an die Lösung dieser Aufgaben herangehen; und ich hoffe von Ihnen, den Mitgliedern des neugebildeten Reichstags, daß Sie in der klaren Erkenntnis der Lage und ihrer Notwendigkeiten sich hinter die Regierung stellen und auch Ihrerseits alles tun werden, um diese in ihrem schweren Werk zu unterstützen.

Der Ort, an dem wir uns heute versammelt haben, mahnt uns zum Rückblick auf das alte Preußen, das in Gottesfurcht, durch pflichttreue Arbeit, nie verzagenden Mut und hingebende Vaterlandsliebe groß geworden ist und auf dieser Grundlage die deutschen Stämme geeint hat. Möge der alte Geist dieser Ruhmesstätte auch das heutige Geschlecht beseelen, möge er uns frei machen von Eigensucht und Parteizank und uns in nationaler Selbstbesinnung und seelischer Erneuerung zusammenführen zum Segen eines in sich geeinten freien, stolzen Deutschland! Mit diesem Wunsche begrüße ich den Reichstag zu Beginn seiner neuen Wahlperiode und erteile nunmehr dem Herrn Reichskanzler das Wort.

Die Woche (Sonderausgabe der Illustrierten zum »Tag von Potsdam«), Berlin 1933, S. 4.

(58) Aus der Regierungserklärung Adolf Hitlers zur Eröffnung des Reichstages in der Garnisonkirche in Potsdam am 21. März 1933

Am 5. März hat sich das Volk entschieden und in seiner Mehrheit zu uns bekannt. In einer einzigartigen Erhebung hat es in wenigen Wochen die nationale Ehre wiederhergestellt und dank Ihrem Verstehen, Herr Reichspräsident, die Vermählung vollzogen zwischen den Symbolen der alten Größe und der jungen Kraft. Indem nun aber die nationale Regierung in dieser feierlichen Stunde zum erstenmal vor den neuen Reichstag hintritt, bekundet sie zugleich ihren unerschütterlichen Willen, das große Werk der Reorganisation des deutschen Volkes und des Reichs in Angriff zu nehmen und entschlossen durchzuführen. Im Bewußtsein, im Sinne des Willens der Nation zu handeln, erwartet die nationale Regierung von den Parteien der Volksvertretung, daß sie nach fünfzehnjähriger deutscher Not sich emporheben mögen über die Beengtheit eines doktrinären parteimäßigen Denkens, um sich dem eisernen Zwang unterzuordnen, den die Not und ihre drohenden Folgen uns allen auferlegen. Denn die Arbeit, die das Schicksal von uns fordert, muß sich turmhoch erheben über den Rahmen und das Wesen kleiner tagespolitischer Aushilfen.

Wir wollen wiederherstellen die Einheit des Geistes und des Willens der deutschen Nation!

Wir wollen wahren die ewigen Fundamente unseres Lebens: unser Volkstum und die ihm gegebenen Kräfte und Werte.

Wir wollen die Organisation und die Führung unseres Staates wieder jenen Grundsätzen unterwerfen, die zu allen Zeiten die Vorbedingungen der Größe der Völker und Reiche waren.

Wir wollen das Vertrauen in die gesunden, weil natürlichen und richtigen Grundsätze der Lebensführung verbinden mit einer Stetigkeit der politischen Entwicklung im Innern und Äußeren.

Wir wollen an die Stelle des ewigen Schwankens die Festigkeit einer Regierung setzen, die unserem Volke damit wieder eine unerschütterliche Autorität geben soll.

Wir wollen alle die Erfahrungen berücksichtigen, sowohl im Einzel- und im Gemeinschaftsleben wie aber auch in unserer Wirtschaft, die sich in Jahrtausenden als nützlich für die Wohlfahrt der Menschen erwiesen haben.

Wir wollen wiederherstellen das Primat der Politik, die berufen ist, den Lebenskampf der Nation zu organisieren und zu leiten.

Hitler bei der Regierungserklärung in der Garnisonkirche, davor Hindenburg und Göring

Wir wollen aber auch alle wirklich lebendigen Kräfte des Volkes als die tragenden Faktoren der deutschen Zukunft erfassen, wollen uns redlich bemühen, diejenigen zusammenzufügen, die eines guten Willens sind, und diejenigen unschädlich zu machen, die dem deutschen Volk zu schaden versuchen. Aufbauen wollen wir eine andere Gemeinschaft aus den deutschen Stämmen, aus den Ständen, den Berufen und den bisherigen Klassen. …

Der Welt gegenüber aber wollen wir, die Opfer des Krieges von einst ermessend, aufrichtige Freunde sein eines Friedens, der endlich die Wunden heilen soll, unter denen alle leiden.

Die Regierung der nationalen Erhebung ist entschlossen, ihre vor dem deutschen Volke übernommene Aufgabe zu erfüllen.

Völkischer Beobachter vom 22.3.1933.

(59) Aus den Erinnerungen von Maximilian Freiherr von Weichs, Oberst und Infanterieführer im Wehrkreis III, an die Parade in Potsdam am 21. März 1933

Die Feier wurde durch eine Parade der Garnison unter meiner Führung vor dem Feldmarschall von Hindenburg abgeschlossen. Wir hatten vorher beraten, ob die Parade an dem zwar schönen, aber etwas kühlen Märztag mit oder ohne Mantel erfolgen solle. Schließlich kam von Berlin der Befehl, es sei Mantel anzulegen. Denn wenn die Truppe ohne Mantel ausrücke, werde sich der Feldmarschall verpflichtet fühlen, ebenfalls den Mantel abzulegen, wodurch der alte Herr sich erkälten könne. Als dann die Truppe antrat, zeigte sich, daß Hindenburg der einzige war, der

Meldung an den Reichspräsidenten vor Beginn der Parade

keinen Mantel trug. Charakteristisch für die soldatische Einstellung des alten Herrn.

Um ihn nicht zu überanstrengen, sollte die Parade möglichst rasch verlaufen, daher nur die Garnison vorbeimarschieren. Gegen unsere Absicht schlossen sich aber dann alle möglichen Formationen der NSDAP und der damals noch nicht gleichgeschalteten Rechtsparteien an, sodaß sich der Vorbeimarsch unprogrammäßig in die Länge zog. Von Anstrengung war bei dem alten Herrn nichts zu bemerken.

Als eine der prominentesten Erscheinungen befand sich auf der Ehrentribüne der deutsche Kronprinz in Husaren-Uniform, der sich in Potsdam großer Popularität erfreute. Wir hatten damals den Eindruck, daß die Hohenzollern einen gewissen Anschluß an das neue Regime suchten, das ja noch als Koalitionsregierung der nationalen Rechtsparteien erschien.

Bundesarchiv – Militärarchiv, Freiburg im Breisgau, N 19/5, Bl. 4.

(60) Aus einem Erinnerungsbericht des Obergrenadiers Bierstedt, Teilnehmer der Parade des Infanterie-Regiments 9 in Potsdam am 21. März 1933

Wir rückten zur Breiten Straße ab, wo wir am Eingang zum Lustgarten Aufstellung nahmen. Kompanie reihte sich an Kompanie, vom Alten Markt bis zur Garnisonkirche stand als eiserne Wehr im schlichten Grau der Standort Potsdam, matt funkelten die aufgepflanzten Seitengewehre in der noch winterlichen Morgensonne. Uns gegenüber standen, acht Reihen tief, die SA, SS und der Stahlhelm. Kernige Gestalten, stämmige Bauernburschen aus der Mark, daneben die Berliner Stürme.

So warteten wir auf die Beendigung des Gottesdienstes in den beiden Kirchen. Ein altes Soldatensprichwort erfüllte sich einmal wieder: »Neun Zehntel seines Lebens wartet der Soldat vergebens!«, aber nicht vergebens sollte dieses Warten sein. Unser Reichswehrminister, gefolgt von den beiden Chefs der Heeres- und Marineleitungen, schritten die Front der Potsdamer Truppenteile ab. Von fernher erschallten auf einmal brausende Heilrufe, die immer näher kamen. Die Reichsregierung kam langsamen und gemessenen Schrittes durch das Spalier zur Garnisonkirche geschritten. Der Reichskanzler Adolf Hitler schritt vorweg, gefolgt vom Vizekanzler von Papen, dem wiederum die übrigen Regierungsmitglieder folgten. Unter abermaligem Jubel der Massen erschien das Auto mit unserem ehrwürdigen Herrn Reichspräsidenten, begleitet von seinem Sohn, dem Herrn Oberst von Hindenburg.

Nachdem der Herr Reichspräsident die Front der Ehrenkompanie abgeschritten hatte, begaben sich die Reichsregierung und der neue Reichstag, mit Ausnahme der Kommunisten und Sozialdemokraten, in die Garnisonkirche ...

Während dieser Zeit formierten sich die Truppen und vaterländischen Verbände zum Vorbeimarsch an dem Herrn Generalfeldmarschall von Hindenburg.

Nach Beendigung des Staatsaktes betrat der Herr Reichspräsident seinen Platz zur Abnahme des Vorbeimarsches. Dahinter auf einer Tribüne standen die Reichsregierung, die Abgeordneten, das Diplomatische Korps und die ausländischen Militär-Attachés.

Plötzlich erschallten die Kommandos, die Musik setzte sich in Bewegung, gefolgt in tadelloser Ordnung von grau, braun und schwarz.

Semper-Talis-Archiv Bergisch Gladbach, Semper-Talis-Nachrichtenblatt, Nr. 51 vom 15.6.1933, S. 7.

Vorbeimarsch von Einheiten des Infanterie-Regiments 9

Tribüne des Reichspräsidenten, links und rechts Invaliden aus drei Kriegen

(61) Aus den Erinnerungen von Moritz Faber du Faur,
Oberstleutnant und Kommandeur des Reiterregiments 4 Potsdam,
an die Parade am 21. März 1933

Als ich im März 1933, am Tage von Potsdam, mit dem Reiterregiment 4 vor Hindenburg zum letztenmal vorbeimarschierte, war er wirklich nur noch ein Denkmal aus vergangenen Tagen. Mechanisch hob und senkte er den Marschallstab und zögerte nur einmal, als auch ein BDM-Verband an ihm vorbeimarschierte und er nicht recht wußte, ob er diesen die gleiche Ehre erweisen sollte wie den Männern, welche die Waffen der Nation trugen. Bescheiden im Zylinder und schwarzem Rock stand sein Reichskanzler noch hinter ihm. Wenn Hindenburg nicht strahlte, so strahlte ganz Potsdam. Der Marschall und der Gefreite hatten sich die Hand gereicht, was konnte jetzt noch Schlimmes passieren. Alle Uniformen hatten sich zusammengefunden: die Pickelhaube Hindenburgs, die Husarenattilas des Kronprinzen und des alten Mackensen[1], die braunen und die schwarzen Hemden und die

1 August von Mackensen (1849–1945), Generalfeldmarschall a. D.

125

uniformierten Mädel. Und der Führer von all dem war bereit, dem Präsidenten in der Kirche die Treue zu schwören.

Nur die Reichswehr schwieg und zeigte keinerlei Gesicht. Natürlich sagte sie 'ja', weil der Präsident es so wollte, aber sie dachte 'nein', solange sie nicht allein am Reichspräsidenten vorbeimarschieren durfte. Das Unheil nahm seinen Lauf.

Moritz Faber du Faur, Macht und Ohnmacht. Erinnerungen eines alten Offiziers, Stuttgart 1953, S. 146.

(62) Aus einem Pressebericht über das Verhalten der Menge bei der Abfahrt des Reichspräsidenten von Hindenburg nach der Parade in Potsdam am 21. März 1933

Als Hindenburg sein Auto bestieg, schien es einen Augenblick, als sollte die Menge, die beide Seiten der Straße flankierte, nicht mehr zu halten sein und als sollte die aus Schutzpolizei und Hilfspolizei gebildete Kette dem Andrang nicht mehr standhalten können. Ob es nun auf Befehl geschah oder einem inneren Gesetz folgend: angesichts der drohenden Gefahr hatte sich plötzlich eine verstärkte zweite Kette gebildet, und zwar aus Generälen des alten Heeres im reichen Schmuck ihrer Orden, aus Schutzpolizisten, aus SA-Leuten und einigen ganz regelrechten bürgerlichen

Reichspräsident Hindenburg verläßt die Garnisonkirche

Zivilisten. Hand in Hand standen diese Männer zur Kette geschlossen vor dem Wagen des Reichspräsidenten, so daß seine Abfahrt ungehindert und ungestört erfolgen konnte.

Deutsche Allgemeine Zeitung vom 23.3.1933.

(63) Zwei Berichte der »Germania« zum Verlauf der Veranstaltungen in Potsdam am 21. März 1933

Ruhiger Verlauf in Potsdam

Anläßlich des Staatsaktes in Potsdam haben nach privaten Schätzungen etwa 250- 300 000 auswärtige Besucher in Potsdam geweilt. Trotz dieses ungeheuren Massenandranges hat sich der gesamte Verkehr im großen und ganzen ohne nennenswerte Zwischenfälle abgespielt, nicht zuletzt dank der umfassenden Schutz- und Absperrungsmaßnahmen der mit Umsicht zu Werke gehenden Polizei und Schutzpolizei. Bis auf den Todesfall eines Polizeibeamten sind bisher ernstliche Unfälle nicht bekannt geworden. Auf verschiedenen Plätzen waren bei dem Ansturm der Massen gegen die Absperrungsketten insgesamt 250 leichtere Verletzungen und Ohnmachtsanfälle zu verzeichnen; es handelt sich dabei in der Mehrzahl um weibliche Personen, denen durch die Sanitätsabteilungen des Roten Kreuzes und der Verbände die erste Hilfe zuteil wurde. Sehr groß ist auch die Zahl der Kinder, die in dem Wirrwarr ihren Eltern abhanden gekommen sind und schließlich der Polizei zugeführt werden mußten. Die Hotels und Gaststätten Potsdams hatten ihren großen Tag und konnten die Wünsche der nach Schluß der Feierlichkeit zusammenströmenden Gäste kaum befriedigen.

Ein großer Teil der von weither gekommenen Teilnehmer ließ sich die Gelegenheit zu einer Besichtigung der Sehenswürdigkeiten Potsdams nicht entgehen und wanderte hinaus nach Park und Schloß Sanssouci, zum Antiken Tempel – der Ruhestätte der letzten Kaiserin – zum Neuen Palais, zur Historischen Mühle usw. Der größere Teil der Besucher wandte sich dem Bahnhof zu, wo ein ungeheurer, zeitweise nicht zu bewältigender Andrang zur Rückfahrt sowohl nach Berlin wie nach Richtung Magdeburg herrschte. ...

Ein peinlicher Mißgriff.

Als die Mitglieder der Zentrumsfraktion gestern früh vor dem Reichstag die bereitstehenden Autobusse zur Fahrt nach Potsdam besteigen wollten, meldete sich ein Kriminalbeamter, der angeblich den Auftrag hatte, sie nach Waffen zu durchsuchen. Diese Untersuchung sollte angeblich bei allen Abgeordneten erfolgen, die außerhalb der Nationalsozialisten, der Deutschnationalen und der Deutschen Volkspartei stehen. Die Zentrumsfraktion setzte sich sofort mit dem Preußischen Innenministerium in Verbindung und erfuhr von dort, daß ein solcher Auftrag nicht erteilt worden sei. Es liegt also offenbar der peinliche Mißgriff einer untergeordneten Stelle vor, die von der Zentrumspartei ganz merkwürdige Vorstellungen zu haben scheint.

Germania vom 22.3.1933.

(64) Presseverlautbarungen zur Haltung des Deutschen Richterbundes und zum Vorgehen gegen jüdische Richter und Staatsanwälte am 21. März 1933[1]

Entschließung des Präsidiums des Deutschen Richter-Bundes

Der Deutsche Richter-Bund begrüßt den Willen der neuen Regierung, der ungeheuren Not und Verelendung unseres Volkes ein Ende zu machen. Wir sind überzeugt, daß es dem Zusammenarbeiten aller aufbauwilligen Kräfte gelingen wird, die Gesundung unseres gesamten öffentlichen Lebens und damit den Wiederaufstieg Deutschlands herbeizuführen. Deutsches Recht gelte in deutschen Landen! Der deutsche Richter war von jeher national und verantwortungsbewußt; stets war er von sozialem Empfinden erfüllt. Er hat nur nach Gesetz und Gewissen Recht gesprochen. Das muß so bleiben! Möge das große Werk des Staatsaufbaues dem deutschen Volke alsbald das Gefühl unbedingter Zusammengehörigkeit geben. Der Deutsche Richter-Bund bringt der neuen Regierung volles Vertrauen entgegen.

Viele Richter versetzt

Das Conti-Büro[2] teilt mit, daß bei den preußischen Gerichten umfangreiche Umbesetzungen bevorstehen, die mit Versetzung zahlreicher Richter verbunden sein werden. Es sollen alle jüdischen Strafrichter an Zivilkammern versetzt werden, ebenso will man aus der Staatsanwaltschaft alle jüdischen Beamten entfernen. Die Maßnahme ist dem Conti-Büro zufolge auf einen Schritt des Nationalsozialistischen Juristenbundes zurückzuführen, der seit einigen Wochen bereits in dieser Richtung tätig war.

1 Beide Verlautbarungen standen in dieser Ausgabe unmittelbar untereinander.
2 Conti-Büro – eine Nachrichtenagentur.
   1934 wurden alle zum deutschen Nachrichtenbüro (DNB) verschmolzen.

Auch an den Schnellgerichten und an den Jugendgerichten sollen vom 1. April ab nichtjüdische Richter beschäftigt werden, ebenso wie auch als Untersuchungsrichter künftig ausschließlich nichtjüdische Richter tätig sein sollen.

Berliner Morgenpost, Ausgabe B vom 21. März 1933.

(65) Schreiben von Hermann Ernst Schlimme, Sekretär des Bundesvorstandes des Allgemeinen Deutschen Gewerkschaftsbundes, an Dr. Otto Meißner, Staatssekretär und Chef der Präsidialkanzlei von Reichspräsident Hindenburg, vom 21. März 1933 über den Terror gegen Gewerkschaftler

Wir haben uns in den letzten Wochen bemüht, durch wiederholte Zuschriften an den Herrn Reichspräsidenten und alle in Betracht kommenden Regierungsstellen Bericht zu erstatten über die uns gemeldeten Überfälle und Terrorakte sowohl auf das Eigentum der Gewerkschaften als auch auf unsere Mitglieder, ohne daß wir eine Wendung zum Besseren feststellen können. Aus den beigefügten schriftlichen Darstellungen von Erlebnissen, die zwei unserer Mitglieder in Berlin in den letzten Tagen gehabt haben und von denen der eine seinen Namen aus Furcht vor weiteren Überfällen nicht nennt, der aber als völlig unbescholtener Mann im Alter von 65 Jahren – und nicht etwa Kommunist – uns persönlich bekannt ist, geht hervor, welchen Umfang der individuelle Terror angenommen hat. Bei all diesen Überfällen wird keine Ausnahme gemacht zwischen Männern und Frauen. Es handelt sich in der Mehrzahl der Fälle nicht um politische, sondern sehr wahrscheinlich um rein persönliche Racheakte, die nun nicht mehr unter das Rubrum[1] »Kommunistische Überfälle« gebracht werden können.

Wenn dieser Individualterror, der von dem Herrn Reichskanzler schon am 12. d/iese/s M/onat/s ganz entschieden abgelehnt und bekämpft wurde, weiter getrieben wird, dann werden die Menschen zur Verzweiflung gebracht, die das Schlimmste befürchten läßt.

Wir wenden uns deshalb persönlich an Sie, Herr Staatssekretär, mit der dringenden Bitte, Ihren ganzen Einfluß aufzubieten, um

1 kurze Inhaltsangabe als Aufschrift bei Aktenstücken oder Bezeichnung einer Sache an der Spitze eines amtlichen Schriftstücks.

diesen unwürdigen und unmenschlichen Zuständen endlich ein Ende zu bereiten.

Geheimes Staatsarchiv, Berlin-Dahlem, Rep. 90 P, Nr. 71, Bl. 19.

(66) Aus einer Stellungnahme von Reichstagsabgeordneten der KPD zum »Tag von Potsdam« am 21. März 1933[1]

Das mit Hilfe von Revolvern, Dolch und Rizinusöl »geistig und sittlich erneuerte Deutschland« feierte am 21. März eine dritte Serie rauschender Feste: Gottesdienste und Platzkonzerte, Flaggenparaden und Platzkonzerte, Rundfunkreden und Festvorstellungen in den Theatern. Dies alles aus Anlaß der Eröffnung des neuen Reichstages. Diese Feiern sind für das neue Regime eine überaus wichtige Angelegenheit. Sie sollen seine Macht demonstrieren. Sie sollen die Bevölkerung mit dem berauschenden Gefühl der »nationalen Wiedergeburt« erfüllen. Sie sollen aber vor allem die werktätigen Anhänger des Faschismus beschäftigen und ablenken von Fragen, die unangenehm sind, und sollen sie darüber hinwegtäuschen, daß die »Erneuerung Deutschlands« nichts anders bedeutet, als die Aufrechterhaltung, Sicherung und Festigung der kapitalistischen Klassendiktatur, die uneingeschränkte Willkür des Kapitals. Das faschistische Regime veranstaltet Feste über Feste, weil es die Massen statt mit Brot mit leeren Phrasen füttern muß, weil es ihnen statt Arbeit nur »Propaganda« geben kann. Die Eröffnung des neuen Reichstages hatte die Bedeutung einer großen Schaustellung, in der sich die Männer des neuen Regimes in ihrer unumschränkten Machtfülle der Öffentlichkeit präsentieren wollten. ...

Hitlers »große« Regierungserklärung enthielt nur nebelhafte Phrasen: über die »Lösung des Arbeitslosenproblems«, die »Rettung« des »deutschen Bauern« usw. Er machte aber eine deutliche Knieverbeugung vor England, den USA, Italien und sogar vor Frankreich, indem er sehr zahm von den deutschen »Rechtsansprüchen« auf Revision der Friedensverträge und auf Aufrüstung sprach.

Rundschau über Politik, Wirtschaft und Arbeiterbewegung, Basel 1933, Nr. 6, S. 135.

1 Der Artikel »Zur Eröffnung des neuen Reichstages« ist undatiert; der bzw. die Autoren blieben ungenannt.

(67) Aus dem Bericht des »Völkischen Beobachters« über die Feiern am
21. März 1933 in München und anderen ausgewählten deutschen
Großstädten

Auf dem Oberwiesenfeld fand die große Parade der in München
liegenden Truppenteile der Reichswehr und Landespolizei statt.
Ungezählte Tausende von Zuschauern hatten sich eingefunden.
Zuerst marschierten die SA und SS und der Stahlhelm ein. Später
rückten die einzelnen Truppenteile der Garnison in Paradestel-
lung, es folgten die Abteilungen der Landespolizei. ...
Nach dem Abschreiten der Front ergriff General v. Leeb[1] das
Wort zu einer Ansprache. Unter dem Donner der Geschütze er-
scholl das Deutschland-Lied. Unmittelbar darauf traten die Truppen zum Parademarsch an.

Stuttgart, 22. März.
In Stuttgart fand ein Feldgottesdienst für die Garnisonen statt, an
dem außerdem die Schutzpolizei, die SA- und SS, der Stahlhelm
und die Studenten der Technischen Hochschule teilnahmen.
Nach dem Feldgottesdienst sprach der Befehlshaber im Wehrkreis V, Generalleutnant Liebmann[2]. Unter dem Gesang des
Deutschland-Liedes wurden 21 Salutschüsse abgegeben. Darauf
nahm der Wehrkreisbefehlshaber die Parade ab. Eine Ehrenkompanie des I. Bataillons des Infanterie-Regiments 13 führte die Fahnen und Standarten der ehemaligen Stuttgarter Regimenter mit
sich. Eine riesige Menschenmenge nahm mit Ergriffenheit und
Begeisterung an der Feier teil.

Frankfurt a.M., 22. März.
Die Straßen Frankfurts zeigten einen Flaggenschmuck, wie man
ihn hier nur selten gesehen hat. Die Feierlichkeiten begannen
mit einem katholischen Gottsdienst im Dom, an dem der katholische Teil der Schutzpolizei und der nationalen Verbände teilnahm. Der evangelische Gottesdienst fand in der Paulskirche
statt ... Ein großer Menschenstrom flutete zu den Plätzen, wo
Lautsprecher zur Übertragung der Potsdamer Feierlichkeiten
aufgestellt waren. Nach der Übertragung stimmten die Glocken

1 Generalleutnant Wilhelm Ritter von Leeb, 1930/33 Befehlshaber im Wehrkreis VII in München.
2 Im Original steht als Druckfehler von Liebermann. Richtig: Generalleutnant
   Kurt Liebmann, Befehlshaber im Wehrkreis V in Stuttgart.

der Stadt ihr feierliches Geläut an. Auf dem Platz vor dem Polizei-präsidium wurde eine Parade der gesamten Polizei abgenommen.

Köln, 22. März.
Die Stadt prangt im Festgewand. Von allen Gebäuden und auf allen Plätzen wehen die Flaggen. Die Hauptverkehrsstraßen sind ein Fahnenmeer. Es ist Feiertag. Überall herrscht Feststimmung, die durch das herrliche Wetter noch begünstigt wird. … Den Auf-takt der Kölner Feierlichkeiten bildete eine Veranstaltung der Po-lizei auf dem Neumarkt. Man sah den Regierungspräsidenten sowie den Kölner Oberbürgermeister Dr. Riesen mit seinen Bei-geordneten in Braunhemden. Der Polizeipräsident Lingens hielt eine Ansprache, die mit einem dreimaligen Hoch auf Deutsch-land schloß. Hierauf schritten die Spitzen der Behörden die Front der Polizei und Hilfspolizei ab, die sich dann zum Parademarsch formierten. Die Feier endete mit dem Gesang des Horst-Wessel-Liedes.

Hamburg, 22. März.
Im ganzen Groß-Hamburger Stadtgebiet zeugte am Dienstag reiche Beflaggung öffentlicher und privater Gebäude für die An-teilnahme der Bevölkerung an den Feiern. Die staatlichen und städtischen Büros und Behörden hatten geschlossen. Die Ge-richtstermine waren für diesen Tag aufgehoben, der Börsenver-kehr ruhte ganz. Mittags fand eine Parade der Schupo auf dem Städtischen Sportplatz statt.

Bremen, 22. März.
Auf dem Domshof konzertierte die Oldenburger und die Bremer Reichswehr. Durch ein Wachkommando der Bremer Schutzpoli-zei erfolgte die Hissung der schwarz-weiß-roten, der Hakenkreuz-und der bremischen Landesfarben auf dem Rathaus. Es schloß sich ein Festgottesdienst an, an dem der gesamte Senat, zahlrei-che Offiziere der Reichswehr und Marine, führende Persönlich-keiten aus Handel, Wirtschaft und Industrie teilnahmen. Nach dem Festgottesdienst nahm der Bürgermeister Flohr in Vertre-tung des bremischen Senatspräsidenten, der an der Reichstags-eröffnung teilnimmt, die Parade der Schutzpolizei und der Ver-bände ab.

Völkischer Beobachter vom 23.3.1933.

(68) Pressebericht über die Feier der Reichsmarine in Kiel aus Anlaß des »Tages von Potsdam« am 21. März 1933

Anläßlich des Zusammentritts des neuen Reichstags haben die staatlichen Gebäude und in großem Umfange auch die Privathäuser reichen Flaggenschmuck angelegt. Die militärischen Dienstgebäude des Standorts tragen die neue Reichskriegsflagge, die Kriegsschiffe haben in den frühen Morgenstunden Toppflaggen[1] gesetzt. Um 12 Uhr mittags begann auf dem Kasernenhof Kiel-Wik ein Festgottesdienst, zu dem auch neben allen Landtruppenteilen und den Besatzungen der Kriegsschiffe Abordnungen der Schutzpolizei und Hilfspolizei, SS- und SA-Formationen, der Stahlhelm und die Marine- und Kriegervereine sich eingefunden hatten. Außer zahlreichen Behördenvertretern waren die Hochschullehrer und die Studentenschaft mit dem Rektor an der Spitze geschlossen erschienen. Den weiten Platz umsäumten Tausende von Zuschauern, die gemeinsam mit der Wehrmacht des historischen Geschehens gedenken wollten.

Nach dem gemeinsamen Gesang des Niederländischen Dankgebetes und zu den Herzen gehenden Worten der Geistlichen der beiden Konfessionen hielt der Stationschef, Vizeadmiral Albrecht[2], eine Ansprache, in der er auf die Bedeutung dieses Tages hinwies. Während um 12.45 alle im Hafen liegenden Kriegsschiffe 21 Schuß Landessalut feuerten, schloß der Festgottesdienst mit dem Deutschlandlied, in das die Versammelten begeistert einstimmten. Abschließend nahm der Stationschef einen Vorbeimarsch der an der Feier beteiligten Formationen ab.

Deutsche Zeitung, Abendausgabe vom 21.3.1933.

1 Flaggen an den obersten Mastenden.
2 Conrad Albrecht, 1932/39 Chef der Marinestation Ostsee.

(69) Pressebericht über die Veranstaltungen zum »Tag von Potsdam« in Bad Saarow am 21. März 1933

Der Tag der neuen Nation fand auch hier seine Würdigung. Schon morgens, als Saarow erwachte, wies ein überaus reicher Fahnenschmuck in den Straßen auf die Bedeutung des Tages hin. Wer nicht am eigenen Radio den Vorgängen in Potsdam und nachmittags in der Kroll-Oper folgen konnte, hatte am Bahnhofsplatz Gelegenheit, die übertragenen Reden zu hören. Wie überall, fand auch in Bad Saarow abends ein Fackelzug statt, an dem sich die SA von Saarow und den umliegenden Orten äußerst zahlreich beteiligte. Weiter waren vertreten der Stahlhelm, der Verein der Waffengefährten, Bund Königin Luise, Sport-Club, Feuerwehr, Arbeitslager und die Schulen. Vom festlich beleuchteten Bahnhofsplatz bewegte sich der Zug durch die Straßen des Ortes. Viele Häuser und Läden hatten ihre Fenster reich illuminiert. Bengalische Feuer flammten auf. Am Gefallenen-Denkmal war eine Ehrenwache der Feuerwehr postiert. Vor dem Bahnhofsgebäude wurde Aufstellung genommen. Gemeindevorsteher Dr. Krücke sprach in zündenden Worten über die Bedeutung des Tages; er rühmte die Männer, die sich so erfolgreich für die Wiedergeburt des nationalen Deutschlands eingesetzt haben und gedachte der Gefallenen des Weltkrieges und der Nachkriegszeit. Seine Rede klang im gemeinsam gesungenen Deutschlandlied aus. Heilrufe auf den Reichkanzler Hitler, sowie der Gesang des Horst-Wessel-Liedes beendeten die Kundgebung. Darauf wurde der größte Teil des Fackelzuges nach Pieskow fortgesetzt.

Tägliches Kreisblatt für den Kreis Beeskow-Storkow, Beeskow vom 23.3.1933.

(70) Aus einem Bericht von Horace Rumbold, britischer Botschafter in Berlin, an Außenminister John Simon zur Situation der Hitlergegner und zur Verfolgung der Juden in Deutschland vom 21. März 1933.

Die Revolution hat sich im ganzen milde vollzogen. Obwohl zweifellos viele unschuldige Menschen ermordet, eingekerkert oder mißhandelt wurden und Deutschlands guter Name als der eines zivilisierten Landes im Ausland ernsthaft gelitten hat, so hätte der Übergang doch blutiger sein können. …

Hitler selbst hat bei einer berühmten Gelegenheit erklärt, daß, sobald er sein Amt antrete,»die Köpfe der Novemberverbrecher rollen würden«.[1] Bis jetzt haben nur wenige der führenden»Novemberverbrecher« wirklich ihr Leben verloren, obwohl viele mißhandelt wurden, und die Zahl der ermordeten oder bei politischen Schlägereien schwer verletzten Personen in die Hunderte gehen muß. Den bedeutenderen Persönlichkeiten ist es gelun-

---

1 Hitler erklärte dies vor dem Reichsgericht in Leipzig am 25.9.1930; vgl. »Frankfurter Zeitung« vom 26.9.1930.

gen, aus dem Land zu fliehen, eine große Anzahl von ihnen hält sich noch in Grenznähe versteckt. 2. Die Gefängnisse und Haftlokale sind im Augenblick mit politischen Gefangenen überfüllt. Es ist offensichtlich, daß der Vorschlag, Konzentrationslager für Kommunisten und Sozialdemokraten zu errichten, hauptsächlich veranlaßt ist durch die Schwierigkeiten und Unkosten, eine große Anzahl von Häftlingen in den zur Verfügung stehenden Gefängnissen mit ihrer begrenzten Kapazität unterzubringen. Die Konsuln Seiner Majestät berichten, daß im ganzen Lande summarisch die Haft über Beamte und Politiker, die der Linken angehörten, im allgemeinen mit der Begründung verhängt wurde, daß es nötig sei, »die Erregung der Massen davor zu bewahren, in persönliche Gewalttätigkeiten auszuarten«. ... Die Auffindung nichtidentifizierbarer Leichen in den Außenbezirken von Berlin während der letzten Wochen ruft die Erinnerung an ähnliche Entdeckungen vor einigen Jahren ins Gedächtnis zurück, als »Feme«-Gerichte und Mörder im Schwange waren.[2] ...

4. Die Feindschaft gegen die Juden, ein Punkt des Nazi-Glaubens, wurde in einer Vielzahl von Vorfällen in unerfreulichem Maße bestätigt. So bringen die heutigen Tageszeitungen die Meldung, daß das Haus von Professor Einstein von SS- und SA-Trupps nach Sprengstoff durchsucht wurde. Herr Bruno Walter, der berühmte Dirigent, wurde vor kurzem daran gehindert, ein Konzert in Leipzig zu dirigieren und dann eins in Berlin, mit der jetzt klassischen Entschuldigung, daß eine derartige Tätigkeit seinerseits eine Störung der öffentlichen Ordnung zur Folge haben würde. ...

5. Es gibt viele Beispiele von Musikern und Beamten jüdischer Rasse, die aus den Orchestern und Theatern entlassen wurden. In einer Stadt Schlesiens drangen Nazis in das Gericht ein und zwangen summarisch die Richter und Staatanwälte jüdischer Rasse, ihre Tätigkeit einzustellen. ...

6. Ausländische Journalisten sind der Meinung, daß die sogenannte Terrorherrschaft am 15. /März/ schlagartig ihr Ende fand, aber ganz augenscheinlich sind Fälle politischer Verfolgung oder privater Rache noch an der Tagesordnung. Sogar Haupt-

2   Militaristische Geheimverbände (Organisation Consul, Schwarze Reichswehr) verübten Feme-Morde an unliebsamen eigenen Mitgliedern und an politischen Gegnern. In den ersten Jahren der Weimarer Republik fielen über 400 Personen diesem Terror zum Opfer.

mann Göring[3] hat bekanntgegeben, daß er 14 Nazis aus der Partei wegen willkürlicher, nicht befohlener Handlungen ausgestoßen habe. Dagegen unterrichtete Graf von Helldorf[4] ein Mitglied meines Stabes, daß die meisten Hausdurchsuchungen in Berlin nicht von jungen unverantwortlichen Gangstern durchgeführt würden, sondern das Ergebnis sorgfältiger Überlegungen seien. Sie würden mit oder ohne Gewaltanwendung planmäßig erledigt.

Documents on British Foreign Policy 1919-1939. Second Series, Bd. IV, London 1950, S. 401 f.

3 Herrmann Göring war 1918 Hauptmann und Kommandeur des Jagdfliegergeschwaders »Richthofen«; 1922 Eintritt in die NSDAP.

4 Wolf Heinrich Graf von Helldorf, seit 1931 Führer der SA-Gruppe Berlin, Ende März 1933 Polizeipräsident von Potsdam. Am 15.8.1944 hingerichtet wegen Verbindungen zum 20. Juli.

(71) Aus dem Tätigkeitsbericht der Abteilung I (Politische Polizei) des Polizeipräsidiums Berlin vom 22. März 1933

A. Meldungen aus Berlin:
I. Festnahmen: Vom 20. zum 22.3. eingeliefert 114 Personen, davon zum Isoliergewahrsam 92. Wegen Beleidigung der Reichsregierung (11), wegen unbefugten Waffenbesitzes bzw. Gebrauchs (13), wegen Herstellung bzw. Vertriebs illegaler Druckschriften (20), wegen Teilnahme an verbotener Versammlung (20).
II. Durchsuchungen und Beschlagnahmen:
2. Bei zahlreichen KPD-Angeh/örigen/ vorgefunden illegale Druckschriften, Bücher, komm/unistischer/ Briefwechsel, Kartei-en, RFB-Fahnen, Transparente, Uniformen, Gummiknüppel, Schlagringe, Seitengewehre, Pistolen, Jagdgewehre, Karabiner und ein Gewehr Mod/ell/ 98.
3. Beschlagnahmt bei Bruno Flath, Alt-Glienicke, Germanenstr. 88, illegale Druckschriften, wichtige Papiere ...
4. Geschäftsräume Kampfgemeinschaft Rote Sporteinheit Rosenthaler Str. 14 polizeilich geschlossen.
5. Aufgefunden Jungfernheide drei Z/entne/r KPD-Ausbildungsvorschriften. Pakete waren als Expressgut B/ahnho/f Alexanderpl/atz/ angekommen. Empfänger unleserlich gemacht.
Aufgefunden Engelufer – im ehem/aligen/ Luisenstädtischen Kanal – sechs Pistolen, fünf Trommelrevolver und etwa 200 Schuß Munition.

Aufstellung von Reichswehreinheiten im Schlüterhof des Berliner Schlosses,
21. März 1933

III. Allgemeines:

6. Gestriger Fackelzug ohne Störung verlaufen. Etwa 100 Ohnmachtsanfälle. Ein Toter (Herzschlag).[1] ...

8. Schaufensterscheibe von der »Vorwärts«-Filiale Utrechter
Str/aße/ von Unbekannten mit Stein eingeworfen.

1 Es handelte sich um den Fackelzug in Berlin aus Anlaß des »Tages von Potsdam« am 21.3.1933.

Fackelzug am Abend des 21. März am Brandenburger Tor in Berlin

9. Mehrere Durchsuchungen und Festnahmen von SA-Angeh/örigen/ angebl/ich/ ohne Beisein von Polizei durchge-führt. Durchsuchungen u.a. im Hotel Charlottenburg, Rankestr. 29 und Lokal Tingel-Tangel Kantstr. 12.

B. Auswärtige Meldungen:

10. München ersucht um Festnahme von Walter Zadeck, Paul

Schöneich und Nupolski wegen dringenden Verdachts Attentat auf Reichskanzler.[2]

BA Abt. Potsdam, St 3/127, Bl. 110 f.

2 Seit dem 30.1.1933 registrierte die Politische Polizei etwa zehn Morddrohungen und Anschläge gegen Hitler. Vgl. Peter Hoffmann, Die Sicherheit des Diktators, München/Zürich 1975, S. 38 ff.

(72) Berichtigung einer Meldung zum Festakt in der Garnisonkirche von Potsdam in der »Rathenower Zeitung« vom 22. März 1933

Bei der gestrigen telefonischen Übermittlung der Nachrichten über den feierlichen Staatsakt in Potsdam ist unserem Berliner Vertreterbüro ein bedauerlicher Fehler unterlaufen, den wir hiermit berichtigen möchten. In diesem Bericht hieß es, daß nach der Rede des Reichskanzlers[1] das Tedeum und das Horst-Wessel-Lied gesungen worden sei. In Wahrheit ist jedoch das Horst-Wessel-Lied in keiner Kirche gesungen worden. Lediglich die außerhalb der Kirche wartenden Massen stimmten draußen im Freien das Lied an.

Rathenower Zeitung vom 22.3.1933.

1 In der Garnisonkirche am 21.3.1933.

(73) Aus einer Pressemeldung über die Verhaftung von 20 Personen in Bernau am 22. März 1933

Am Mittwoch /22.3./ sind in Bernau durch Hilfspolizeibeamte und SA-Leute mehrere Verhaftungen vorgenommen worden. Die Festgenommenen werden mehr oder weniger einer Unterstützung der Kommunistischen Partei verdächtigt oder sind wegen ihrer Zugehörigkeit zur Sozialdemokratischen Partei in Schutzhaft genommen worden. Es handelt sich etwa um zwanzig Personen. Unter den Festgenommenen befinden sich drei Mitglieder des Magistrats von Bernau, die alle der Sozialdemokratischen Partei angehören.

Germania vom 23.3.1933.

(74) Korrespondentenberichte im »Berliner Lokal-Anzeiger«[1]
vom 22. März 1933 über das Echo in ausgewählten Organen der
Auslandspresse zum »Tag von Potsdam«

England hält sich zurück /London/
    Die Betrachtungen der englischen Morgenpresse zu den Ereignissen in Potsdam und Berlin sind verhältnismäßig reserviert. Das Kernstück in der Beschreibung der Vorgänge ist überall die Zurückweisung der Kriegsschuld durch Kanzler Hitler. Die »Times« läßt es sich dabei nicht nehmen, den Geist von Potsdam mehr oder minder als den Geist alles Übels in Europa zu kennzeichnen und dabei vor einem Übergreifen der nationalen Bewegung Deutschlands auf dessen Außenpolitik zu warnen. England sieht nach den bequemen Tagen der Erfüllungspraktiker mit Sorge auf das neue Deutschland, das seinen berechtigten Platz unter den großen Völkern der Erde zurückfordert.
Das Wunder von Potsdam /Amsterdam/
    Übereinstimmend weist die niederländische Presse in langen Schilderungen darauf hin, daß mit dem gestrigen Potsdamer Tage Deutschland die Zeit der Schmach liquidiert und einen jahrelangen Bruderzwist begraben habe. In der Stunde höchster Not habe Deutschland sich wieder auf seine ruhmvolle Vergangenheit besonnen und große Führer gefunden.
Lebhafte Sympathie in Italien /Rom/
    Die römische Presse berichtete über die gestrigen Vorgänge in Potsdam und Berlin in großer Aufmachung und würdigt die Ereignisse voll lebhafter Sympathie. Die Begeisterung der Hunderttausenden wird ebenso ausführlich geschildert wie die tiefe Ergriffenheit, mit der die in der Garnisonkirche Versammelten die Reden Hindenburgs und Hitlers aufnahmen.
Warme Anteilnahme in Österreich /Wien/
    Obwohl die Presse fast ausnahmslos ihre Leitartikel dem Tag von Potsdam widmet, gibt sie nicht annähernd den Anteil wieder, den die österreichische Bevölkerung an der nationalen Erhebung Deutschlands genommen hat. Dieser Anteil war um so bemerkenswerter, als die Österreichische Rundfunkgesellschaft sich geweigert hat, außer dem dritten Akt der »Meistersinger« aus der Staatsoper noch etwas zu übertragen.

Berliner Lokal-Anzeiger vom 22.3.1933.

1   Die Zeitung gehörte zum Pressekonzern von Reichsminister Hugenberg.

(75) Aus Korrespondentenberichten in der »Deutschen Allgemeinen Zeitung« vom 22. März 1933 über das Echo in ausgewählten Organen der Auslandspresse zum »Tag von Potsdam«

Die Berichte der englischen Presse über die gestrigen Feiern in Potsdam und Berlin sind auf einen Ton abgestimmt, der besonders die militärische Seite herausgreift. So teilen heute die Zeitungen die Potsdamer Vorgänge ihren Lesern unter Überschriften wie »Vorkriegsszenen in Deutschland«, »Rückkehr des preußischen Militarismus« /mit/. Die Leitartikel sind ebenfalls auf einen Ton abgestimmt, der erkennen läßt, daß die Engländer noch weit davon entfernt sind, die Ereignisse in Deutschland zu verstehen, geschweige denn zu würdigen. Besonders töricht sind die Bemerkungen des »Daily Telegraph«, in dem sich Ausdrücke wie »verrückt gewordener Nationalismus in Deutschland« ferner Bemerkungen über das »Ende der Demokratie, der bürgerlichen Rechte und des Gedankens des Friedens« /finden/. Der liberale »News Chronicle« bedauert natürlich das Staatsbegräbnis des Parlamentarismus. ... Die »Times« nennt ihren Leitartikel »Der Geist von Potsdam«. Was dieses Blatt sich aber unter dem Geist von Potsdam vorstellt, zeigt ein Zitat des Historikers Lord Rosebery. Daß die »Times« sich mit diesem Wort in Übereinstimmung setzt, darf man wohl daraus entnehmen, daß sie Rosebery einen glänzenden Kenner der Geschichte nennt. Nach Lord Rosebery sei Friedrich der Große ein hervorragender Soldat gewesen, zynisch und unbarmherzig, dessen hervorragende Eigenschaften seinem Zeitalter ein Fluch gewesen seien. Immer seit den Tagen Friedrichs des Großen sei Preußen wie ein Hecht im Karpfenteich gewesen, mit scharfen Zähnen und endloser Gefräßigkeit ausgerüstet. Diese Parallele zieht die »Times« zwischen dem alten Preußen, wie es sich Lord Rosebery vorstellte, und dem neuen Deutschland, das gestern in Potsdam wiedergeboren worden sei. Das Blatt kommt dann auf die innerpolitischen Verhältnisse in Deutschland zu sprechen und erklärt, daß alles dies in erster Linie eine Angelegenheit für Deutschland selbst sei, so sehr auch ausländische Freunde Deutschlands die Grausamkeiten bedauerten, die in Deutschland verübt wurden. Anders aber würde es werden, wenn dieselben Verfahren auf ausländische Untertanen angewendet würden, oder wenn sie auf das Gebiet der Außenpolitik übernommen werden würden. Dies sei eine Entwicklung, die jedes Land in Europa zu vermeiden äußerst besorgt sei. ...

Über die Feier in Potsdam veröffentlichten die Blätter /in Paris/ eingehende Berichte. Die Auffassung, die in ihnen zum Ausdruck kommt, gibt am besten die Darstellung des »Petit Parisien« wieder, dessen Sonderberichterstatter schreibt: Es handelte sich nicht nur um ein nationalistisches Fest, das gestern in Potsdam gefeiert wurde, sondern um einen nationalen Akt, der dazu berufen ist, eine neue Aera in den Geschicken Deutschlands zu eröffnen. Der Tag von Potsdam – so schreibt der Sonderberichterstatter – habe ein Dreifaches gebracht: geräuschlose Beerdigung der Weimarer Republik, Taufe des neuen Deutschland, Weihe Adolf Hitlers. Die Franzosen – so fährt er fort – hätten dreifachen Anlaß, darüber nachzudenken.

Deutsche Allgemeine Zeitung vom 23.3.1933.

(76) Aus dem Bericht der »Telegraphen-Union« (Hugenberg-Konzern) vom 22. März 1933 über
schwedische Pressestimmen zum »Tag von Potsdam«

Die Stockholmer Presse bringt seitenlange Berichte und Bildtelegramme über die Reichstagseröffnung in Potsdam. Obwohl die meisten Blätter keine redaktionellen Äußerungen anknüpfen, ist doch die Einstellung aus der Aufmachung und den Überschriften erkennbar. Schweden hat zur Zeit eine sozialdemokratische Regierung. Die sozialdemokratischen Blätter sind nach wie vor sehr negativ eingestellt. Der Stockholmer Sozialdemokraten schäumt wiederum vor Wut und hält es für nötig, der deutschen Sozialdemokratie ihre Sympathie zu bekunden. Bezeichnend ist, daß einige bürgerliche Linkszeitungen über die Vorgänge bei der Reichstagseröffnung heute durchaus sachlich berichten. In den eingehenden Meldungen des konservativen Svenska Dagbladet kommt die erhebende Stimmung des historischen Augenblicks deutlich zum Ausdruck. Die gesamte schwedische Presse stellt fest, daß der alte Preußengeist von Potsdam wieder auferstanden sei. Die Morgenblätter beschäftigen sich ausführlich mit den gestrigen Vorgängen vor der Stockholmer Deutschen Gesandtschaft, wo die Demonstration der schwedischen Kommunisten leicht zu unübersehbaren Folgen hätte führen können. Der deutsche Geschäftsführer, Legationsrat Meynen, wurde beim Betreten der Gesandtschaft bedrängt. Er lehnte es selbstverständlich entschieden ab, die gegen die deutsche Regierung gerichtete Protestentschließung entgegenzunehmen und ließ durch ein größeres Polizeiaufgebot die Menge zerstreuen.

Potsdamer Tageszeitung vom 22.3.1933.

(77) Drohbrief einer ausländerfeindlichen anonymen NS-»Kampfgruppe«[1] an mehrere deutsche Filmfirmen vom 22. März 1933 mit der Ankündigung von Boykott- und Terrormaßnahmen

Letzte Warnung! Achtung! Boykott!

Auch Sie beschäftigen in Ihren Filmen vorwiegend Ausländer. Sogar Ihre Reklame lassen Sie von Ausländern machen, trotzdem viele deutsche Künstler brotlos sind. Das Geld der Verleiheinnahmen lassen Sie sich, und nehmen es auch gerne, von Deutschen zahlen. Das ist ein schreiendes Unrecht.

Wir werden von jetzt ab, alle Firmen mit ihren Filmen boykottieren, die weiterhin glauben, ausländische Arbeit sei besser. Diese Methoden müssen aufhören! Wir werden nach dem Muster »Remarque-Film« (Mozartsaal)[2] jede Vorstellung unmöglich machen.

Zum letzten Male! Haben Sie ein Einsehen, wir sind stärker als Sie und fest entschlossen, derartige Zustände restlos zu beseitigen.

BA Potsdam, Film Nr. 15 383.

1 Gezeichnet war der Brief »Mit deutschem Gruß« und der Angabe »Kampfgruppe der NSRVW«.

2 Gauleiter Joseph Goebbels hatte am 4.12.1930 durch 150 Nazis im »Mozartsaal«, einem großen Kino im Berliner Westen, gegen die von der Ufa (Universum-Film AG) produzierte deutsche Fassung des amerikanischen Films »Im Westen nichts Neues« durch Stinkbomben, Tumulte und weiße Mäuse für den Abbruch der Aufführung gesorgt. Der Anti-Kriegsfilm beruhte auf dem gleichnamigen Roman von Erich Maria Remarque. Auch an den folgenden Tagen setzte Goebbels Schlägertrupps ein, es kam zu Straßenschlachten mit der Polizei und die Film-Oberprüfstelle setzte den Film ab.

Reichstagssitzung in der Berliner Kroll-Oper

*(78) Aus dem »Gesetz zur Behebung der Not von Volk und Reich«
(Ermächtigungsgesetz) vom 24. März 1933*

Der Reichstag hat das folgende Gesetz beschlossen[1], das mit Zustimmung des Reichsrates hiermit verkündet wird, nachdem festgestellt ist, daß die Erfordernisse verfassungsändernder Gesetzgebung erfüllt sind:

1 Annahme mit den Stimmen aller bürgerlichen Parteien; die 94 anwesenden Abgeordneten der SPD-Fraktion stimmten geschlossen dagegen. Bereits am 13.3. war das Mandat der 81 Abgeordneten der KPD annulliert worden.

Artikel 1. Reichsgesetze können außer in dem in der Reichsverfassung vorgesehenen Verfahren auch durch die Reichsregierung beschlossen werden. Dies gilt auch für die in den Artikeln 85 Abs/atz 2 und 87 der Reichsverfassung bezeichneten Gesetze.[2] Artikel 2. Die von der Reichsregierung beschlossenen Reichsgesetze können von der Reichsverfassung abweichen, soweit sie nicht die Einrichtung des Reichstags und des Reichsrats als solche zum Gegenstand haben. Die Rechte des Reichspräsidenten bleiben unberührt. Artikel 3. Die von der Reichsregierung beschlossenen Reichsgesetze werden vom Reichskanzler ausgefertigt und im Reichsgesetzblatt verkündet. Sie treten, soweit sie nichts anderes bestimmen, mit dem auf die Verkündung folgenden Tage in Kraft. Die Artikel 68 bis 77 der Reichsverfassung finden auf die von der Reichsregierung beschlossenen Gesetze keine Anwendung.[3] Artikel 4. Verträge des Reichs mit fremden Staaten, die sich auf Gegenstände der Reichsgesetzgebung beziehen, bedürfen nicht der Zustimmung der an der Gesetzgebung beteiligten Körperschaften. Die Reichsregierung erläßt die zur Durchführung dieser Verträge erforderlichen Vorschriften.

RGBl. I/1933, S. 141.

2 Sie betrafen den Haushaltsplan des Reiches und die Kreditbeschaffung.
3 Sie regelten die Rechte des Reichstags, des Reichspräsidenten, des Reichsrats und den Volksentscheid.

(79) Pressemitteilung über die Haltung der Arbeitgeberverbände und des Reichsverbandes der Deutschen Industrie zur Hitler-Regierung, veröffentlicht am 24. März 1933

Die Vereinigung der Deutschen Arbeitgeberverbände erläßt folgende Kundgebung:

Die in der Vereinigung der Deutschen Arbeitgeberverbände zusammengeschlossenen deutschen Unternehmer begrüßen freudig das Bekenntnis der Regierung des nationalen Zusammenschlusses zum sozialen Frieden und zur Beseitigung des unsere Volksgemeinschaft zerreißenden Klassenkampfes. Sie stellen sich der Regierung mit allen ihren Kräften zur Mitarbeit an dem Ziel zur Verfügung, durch harmonische Zusammenarbeit der Arbeitgeber und Arbeitnehmer eine neue Kraftquelle zur Wiederaufrichtung von Volk und Wirtschaft zu erschließen.

Das Präsidium des Reichsverbandes der Deutschen Industrie trat gestern unter dem Vorsitz des Dr. Krupp v/on/ Bohlen und Halbach[1] zusammen. In einer Erklärung heißt es u.a.: Die deutsche Industrie, die sich als einen wichtigen und unentbehrlichen Faktor für den nationalen Aufbau betrachtet, sei bereit, an dieser Aufgabe tatkräftig mitzuwirken, und der Reichsverband der Deutschen Industrie – als ihre wirtschaftspolitische Vertretung – werde alles tun, um der Reichsregierung bei ihrem schweren Werke zu helfen.

Berliner Lokal-Anzeiger vom 24.3.1933.

1 Gustav Krupp von Bohlen und Halbach, Vorsitzender des Reichsverbandes und Aufsichtsratsvorsitzender der Friedrich Krupp AG.

(80) Aus dem Bericht über eine Erklärung Hermann Görings vor Vertretern der Auslandspresse am 25. März 1933 über die Lage in Deutschland

Der kommissarische preußische Innenminister Göring empfing am Sonnabend /25.3./ die gesamte ausländische Presse, soweit sie durch offizielle Korrespondenten in Berlin vertreten ist, um ihnen bedeutsame Erklärungen über die Vorgänge in Deutschland abzugeben, die zugleich dazu dienen sollten, die Greuelnachrichten im Ausland über Progrome in Deutschland zu widerlegen.

Göring erklärte einleitend, die Regierung sei erschrocken, empört und schließlich fassungslos gewesen über das, was im Auslande über die Zustände in Deutschland geschrieben werde. In Wirklichkeit habe Deutschland seine nationale Auferstehung gefeiert, und ein Volk habe sich endlich zusammengefunden. Seit dem 30. Januar habe sich eine Revolution in Disziplin vollzogen und, abgesehen von einigen bedauerlichen Ausnahmen, sei in Deutschland niemanden etwas zuleide getan worden, jedenfalls bei weitem nicht so viel wie 1918 … Es gäbe in Deutschland nicht einen Menschen, dem ein Fingernagel abgehackt oder ein Ohrläppchen abgezwickt worden sei, und das Augenlicht hätten alle behalten.

Die Zahl der Toten sei täglich nicht höher gewesen als die der politischen Zwischenfälle der vergangenen Jahre. Es haben sich nicht einmal ein Dutzend Zusammenstöße ereignet, bei denen es Tote gegeben habe. In der ausländischen Presse seien maßlose und schamlose Entstellungen über die Zustände in Deutschland

erschienen. ... Er bestreite nicht, daß mehrere tausend kommunistische Funktionäre verhaftet worden seien, aber diese würden genau so behandelt, wie jeder andere Gefangene auch. Wo Übergriffe vorgekommen seien, habe die Regierung alles getan, um diese Vorgänge abzustellen. Es habe auch Fälle gegeben, wo Juden festgenommen und geschlagen worden seien. ... Die Regierung und ich selber dulden niemals, erklärte der Minister, daß jemand einer Verfolgung ausgesetzt ist, nur deshalb, weil er Jude ist.

Deutsche Allgemeine Zeitung vom 26.3.1933.

(81) Aus dem Brief des früheren Kronprinzen Wilhelm an den Publizisten George Sylvester Viereck[1] zur »Greuelpropaganda«gegen Deutschland in den USA /undatiert, wahrscheinlich vom 27. März 1933

Wir bemühen uns hier in Deutschland ebenso wie Sie in den Vereinigten Staaten darum, aus dem Elend, in welches die abendländische Welt in den Nachkriegsjahren versunken ist, zu neuem Wohlstand, zu Frieden und frischer Kraft zurückzukehren. Jedes Volk tut dies seinem eigenen Charakter und seinen Bedingungen gemäß.

Den Weg des anderen mit Lügen, Verleumdungen und Schmutz zu bewerfen, ist nicht fair. Wohin das führen muß, haben wir ja als Ergebnis des Weltkrieges und seines Hetzgeistes nur allzu deutlich erfahren. Ich kann nur wünschen, daß sich in Amerika die gebildeten und verantwortungsbewußten Kreise dieser Einsicht nicht verschließen ...

Deutsche Allgemeine Zeitung vom 29.3.1933.

1 Viereck war deutscher Abstammung, er hatte das Buch »Strangest Friendship in History« verfaßt. Seinen Brief vom 14.3. beantwortete nun Wilhelm. Die »Potsdamer Tageszeitung« und der »Berliner Lokal-Anzeiger« berichteten über den Brief bereits am 28.3.1933.

(82) Erklärung des Verlegers Julius Heim und der Redaktion der Zeitung »Fränkische Presse«[1] vom 27. März 1933 zu ihrer »Selbstgleichschaltung«

Wir erklären hiermit ohne jeden Zwang, daß die von uns seit Jahren über die NSDAP und insbesondere ihren Führer gebrachten Nachrichten, Meldungen und eigenen Aufsätze der Wahrheit nicht entsprachen, sondern nur deshalb erfolgt sind, um das Volk vom Erwachen abzuhalten und die NSDAP dadurch zu schädigen. Wir sehen heute ein, daß die NSDAP die einzige Bewegung war, die den Kampf unter Einsatz des Lebens gegen die Gottlosigkeit geführt hat. Die NSDAP, voran ihrem Führer Adolf Hitler, mit ihren fast 400 Toten ist es allein zu danken, daß heute die Gotteshäuser noch stehen und unsere Priester das Gotteswort noch verkündigen können. Wir bedauern, daß wir uns bis jetzt in unserer Berichterstattung von einseitigem Parteiegoismus haben leiten lassen.

Fränkische Presse, Bayreuth vom 27.3.1933.

1 Der Verleger stand der Bayrischen Volkspartei nahe.

Titelblatt der Propagandabroschüre »Der Tag von Potsdam« vom Scherl-Verlag Berlin

(83) Schreiben von Dr. Ing. Julius Dorpmüller, Generaldirektor der Deutschen Reichsbahn[1], an alle Reichsbahndirektionen und -Zentralämter vom 27. März 1933 über die Entlassung von Mitarbeitern »wegen kommunistischer Betätigung«

Wegen des lebenswichtigen Charakters des Reichsbahnbetriebes und der hochverräterischen Haltung der KPD, der RGO und ihrer Unter- und Nebenorganisationen ordnen wir folgendes an:

Beamte, Angestellte und Arbeiter, die sich kommunistisch betätigen, können nicht im Dienst der Deutschen Reichsbahn-Gesellschaft belassen werden.

Bei Beamten, die nicht kündbar sind, ist das förmliche Disziplinarverfahren einzuleiten; soweit sie noch kündbar sind, ist von dem Kündigungsrecht Gebrauch zu machen. Angestellte und Arbeiter sind fristlos zu entlassen.

Als kommunistische Betätigung ist auch die Mitgliedschaft bei der KPD, der RGO oder ihren Unter- und Nebenorganisationen anzusehen, da die Mitgliedschaft die Zahlung von Beiträgen und damit die Förderung der kommunistischen Ziele in sich schließt.

Archiv Neuer Akten, Warschau, Bestand KC PZPR, Film 1780, Bl. 45.

1   Dr. Julius Dorpmüller war 1937–1945 Reichsverkehrsminister.

Karikatur aus
»The Nation«,
New York,
Frühjahr 1933

(84) Aus der Anordnung der Parteileitung der NSDAP
vom 28. März an die untergeordneten Dienststellen zur Vorbereitung
und Durchführung des »Judenboykotts« am 1. April 1933 [1]

1. In jeder Ortsgruppe und Organisationsgliederung des NSDAP sind sofort Aktionskomitees zu bilden zur praktischen planmäßigen Durchführung des Boykotts jüdischer Geschäfte, jüdischer Waren, jüdischer Ärzte und jüdischer Rechtsanwälte. Die Aktionskomitees sind verantwortlich dafür, daß der Boykott keinen Unschuldigen, um so härter aber die Schuldigen trifft.

2. ...Der Boykott ist eine reine Abwehrmaßnahme, die sich ausschließlich gegen das Judentum in Deutschland wendet.

3. Die Aktionskomitees haben sofort durch Propaganda und Aufklärung den Boykott zu popularisieren. Grundsatz: Kein guter Deutscher kauft noch bei einem Juden oder läßt sich von ihm und seinen Hintermännern Waren anpreisen. Der Boykott muß ein allgemeiner sein. Er wird vom ganzen Volk getragen und muß das Judentum an seiner empfindlichsten Stelle treffen.

1 Die Anordnungen sind Bestandteil eines längeren Aufrufes, der weitgehend von Adolf Hitler verfaßt worden war. Am Text der Anordnungen hatten Joseph Goebbels und Julius Streicher mitgearbeitet. In den Anordnungen 1–11 wurden die Zwischenüberschriften weggelassen.

4. In Zweifelsfällen soll von einer Boykottierung solcher Geschäfte solange abgesehen werden, bis nicht vom Zentralkomitee in München eine andere bestimmte Anweisung erfolgt. Vorsitzender des Zentralkomitees ist Pg. /Parteigenosse/ Streicher.[2]

5. Die Aktionskomitees überwachen auf das schärfste die Zeitungen, inwieweit sie sich an dem Aufklärungsfeldzug des deutschen Volkes gegen die jüdische Greuelhetze im Ausland beteiligen. Tun Zeitungen dies nicht oder nur beschränkt, so ist darauf zu sehen, daß sie aus jedem Haus, in dem Deutsche wohnen, augenblicklich entfernt werden. Kein deutscher Mann und kein deutsches Geschäft soll in solchen Zeitungen noch Annoncen aufgeben. Sie müssen der öffentlichen Verachtung verfallen, geschrieben für die jüdischen Rassegenossen, aber nicht für das deutsche Volk.

6. Die Aktionskomitees müssen in Verbindung mit den Betriebszellenorganisationen der Partei die Propaganda der Aufklärung über die Folgen der jüdischen Greuelhetze für die deutsche Arbeit und damit für den deutschen Arbeiter in die Betriebe hineintragen ...

7. Die Aktionskomitees müssen bis in das kleinste Bauerndorf hinein vorgetrieben werden, um besonders auf dem flachen Land die jüdischen Händler zu treffen. Grundsätzlich ist immer zu betonen, daß es sich um eine uns aufgezwungene Abwehrmaßnahme handelt.

8. Der Boykott setzt nicht verzettelt ein, sondern schlagartig. In dem Sinne sind augenblicklich alle Vorarbeiten zu treffen. Es ergehen die Anordnungen an die SA, und SS, um vom Augenblick des Boykotts ab durch Posten die Bevölkerung vor dem Betreten der jüdischen Geschäfte zu warnen. Der Boykottbeginn ist durch Plakatanschlag und durch die Presse, durch Flugblätter usw. bekanntzugeben.

Der Boykott setzt schlagartig Samstag, den 1. April, Punkt 10 Uhr vormittags, ein. Er wird fortgeführt solange, bis nicht eine Anordnung der Parteileitung die Aufhebung befiehlt.

9. Die Aktionskomitees organisieren sofort in Zehntausenden von Massenversammlungen, die bis in das kleinste Dorf hineinzureichen haben, die Forderung nach Einführung einer relativen

---

2 Neben dem Gauleiter Julius Streicher wirkten u.a. in diesem Zentralkomitee der Schriftleiter des berüchtigten antisemitischen Wochenblattes »Der Stürmer« Karl Holz, ferner Dr. Robert Ley, Heinrich Himmler, Walter Darré sowie Dr. Hans Frank II.

Zahl für die Beschäftigung der Juden in allen Berufen entsprechend ihrer Beteiligung an der deutschen Volkszahl. Um die Stoßkraft der Aktion zu erhöhen, ist diese Forderung zunächst auf drei Gebiete zu beschränken: a) auf den Besuch an den deutschen Mittel- und Hochschulen; b) für den Beruf der Ärzte; c) für den Beruf der Rechtsanwälte.

10. Die Aktionskomitees haben weiterhin die Aufgabe, dafür zu sorgen, daß jeder Deutsche, der irgendeine Verbindung zum Ausland besitzt, diese verwendet, um in Briefen, Telegrammen und Telefonaten aufklärend die Wahrheit zu verbreiten, daß in Deutschland Ruhe und Ordnung herrscht, daß das deutsche Volk keinen sehnlicheren Wunsch besitzt, als in Frieden seiner Arbeit nachzugehen und in Frieden mit der anderen Welt zu leben und daß es den Kampf gegen die jüdische Greuelhetze nur führt als reinen Abwehrkampf.

11. Die Aktionskomitees sind dafür verantwortlich, daß sich dieser gesamte Kampf in vollster Ruhe und größter Disziplin vollzieht. Krümmt auch weiterhin keinem Juden auch nur ein Haar! Wir werden mit dieser Hetze fertig, einfach durch die einschneidende Wucht dieser angeführten Maßnahmen.

Mehr als je zuvor ist es notwendig, daß die gesamte Partei in blindem Gehorsam wie ein Mann hinter der Führung steht. ... Das soll das internationale Weltjudentum wissen: Die Regierung der nationalen Revolution hängt nicht im luftleeren Raum. Sie ist die Repräsentanz des schaffenden deutschen Volkes. Wer sie angreift, greift Deutschland an! Wer sie verleumdet, verleumdet die Nation! Wer sie bekämpft, hat 65 Millionen den Kampf angesagt! ... Nationalsozialisten! Samstag, Schlag 10 Uhr, wird das Judentum wissen, wem es den Kampf angesagt hat.

Völkischer Beobachter vom 29.3.1933.

Rückblicke

*Vorder- und Rückseite einer Fünf-Mark-Gedenkmünze zum 21. März 1933
(Prägung 1934, Auflage 4 Mill. St.; die Zwei-Mark-Gedenkmünze hatte eine
Auflage von 5 Mill. St.)*

Martin Niemöller, evangelischer Pfarrer, Gründer des Pfarrer-
notbundes im Herbst 1933, eine der profiliertesten Gestalten
in der antinazistischen Bekennenden Kirche, erstmals verhaftet am 1. Juli 1937, später sieben Jahre KZ-Häftling, zog nach
1945 die Lehre:
>Als die Nazis die Kommunisten holten, habe ich geschwie-
gen. Ich war ja kein Kommunist. Als sie die Sozialdemokraten
einsperrten, habe ich geschwiegen. Ich war ja kein Sozialdemokrat. Als sie die Katholiken holten, habe ich nicht prote-
stiert. Ich war ja kein Katholik. Als sie mich holten, gab es
keinen mehr, der protestieren konnte.

Erich Kästner, Schriftsteller, blieb 1933 trotz des Verbots seiner Bücher in Deutschland und hatte zeitweilig Schreibver-
bot, bekannte nach 1945:

Man darf nicht warten, bis aus dem Schneeball eine Lawine geworden ist. Man muß den rollenden Schneeball zertreten. Die Lawine hält keiner mehr auf. Sie ruht erst, wenn sie alles unter sich begraben hat. Das ist die Lehre, das ist das Fazit dessen, was uns 1933 widerfuhr, das ist der Schluß, den wir aus unseren Erfahrungen ziehen müssen.

Literaturverzeichnis (Auswahl)

1. Akteneditionen und Quellensammlungen

Becker, Josef u. Ruth (Hrsg.): Hitlers Machtergreifung 1933. Vom Machtantritt Hitlers 30. Januar 1933 bis zur Besiegelung des Einparteienstaates 14. Juli 1933, München 1983

Bußmann, Walter (Hrsg.): Akten zur Deutschen Auswärtigen Politik 1918–1937, Bd. I/1, Göttingen 1971

Eschenhagen, Wieland (Hrsg.): Die »Machtergreifung«. Tagebuch einer Wende, nach Presseberichten vom 1. Januar bis 6. März 1933, Darmstadt/Neuwied 1982

Michalka, Wolfgang (Hrsg.): Das Dritte Reich, Bd. 1 (1933–1939), München 1985

Repgen, Konrad (Hrsg.): Akten der Reichskanzlei. Regierung Hitler 1933–1938, Teil 1, Bd. 1, Boppard 1983

2. Überblicksdarstellungen und Sammelbände

Bracher, Karl Dietrich/Funke, Manfred/Jacobsen, Hans-Adolf (Hrsg.): Nationalsozialistische Diktatur. 1933–1945. Eine Bilanz, Düsseldorf 1983

Dieselben (Hrsg): Deutschland 1933–1945. Neue Studien zur nationalsozialistischen Herrschaft, Bonn 1993[2]

Broszat, Martin/Schwabe, Klaus (Hrsg.): Die deutschen Eliten und der Weg in den Zweiten Weltkrieg, München 1989

Drobisch, Klaus: Das System der NS-Konzentrationslager 1933–1939, Berlin 1993

Eichholtz, Dietrich, unter Mitarbeit von Almut Püschel: Brandenburg in der NS-Zeit. Studien und Dokumente, Berlin 1993

Grabner, Sigrid/Kiesant, Knut (Hrsg.): 1000 Jahre Potsdam, Frankfurt a. M./Berlin 1993[3]

Graf, Christoph: Politische Polizei zwischen Demokratie und Diktatur, Berlin 1983

Hahn, Peter Michael/Hübener, Kristina/Schoeps, Julius H. (Hrsg.): Potsdam. Märkische Kleinstadt – europäische Residenz. Reminiszensen einer eintausendjährigen Geschichte, Berlin 1995

Matthias, Erich/Morsey, Rudolf (Hrsg.): Das Ende der Parteien 1933, Düsseldorf 1960

Michalka, Wolfgang (Hrsg): Die nationalsozialistische Machtergreifung, Paderborn/München/Wien/Zürich 1984

Nestler, Ludwig (Hrsg.): Der Weg deutscher Eliten in den zweiten Weltkrieg, Berlin 1990

Paul, Gerhard/Mallmann, Klaus Michael (Hrsg.): Die Gestapo. Mythen und Realität, Darmstadt 1995

Steinbach, Peter/Tuchel, Johannes (Hrsg.): Widerstand gegen den Nationalsozialismus, Bonn 1994

3. Spezialarbeiten

Bethge, Werner: Evangelische Christen zwischen Anpassung und Opposition. Brandenburgische Historische Hefte 1, Potsdam 1995

Hinze, Sybille: Opfer von SA und Gestapo im Land Brandenburg (1933 bis 1936). In: Berlekamp, Brigitte/ Röhr, Werner (Hrsg.), Terror, Herrschaft und Alltag im Nationalsozialismus, Münster 1995, S. 191 ff.

Reich, Ines:»Tag von Potsdam«. In: Grabner/Kiesant, a.a.O., S.188 ff.

Scheel, Klaus: Die»Potsdamer Tageszeitung«, 86. Jahrgang – 1935. Eine Zeitung im dritten Jahr des Dritten Reiches. In: Eichholtz/Püschel, a.a.O., S. 113 ff.

Schlenke, Manfred: Nationalsozialismus und Preußen. In: Hahn/Hübener/Schoeps, a.a.O., S. 307 ff.

Schwipps, Werner: Die Königl. Hof- und Garnisonkirche zu Potsdam, Berlin 1991